순환하는 철학

자연정신과 호모트루시니스 *Homo Truthiness*

정진수

박영사

머리말

　맹신(盲信)과 불신(不信) 사이 혼란한 중간쯤 어디인가에서 좌충우돌(左衝右突)하며 방황하고 있던 20대를 보내고 이립(而立)의 나이인 30이 되어 나의 젊음을 이끌어 줄 하나의 좌표와 같은 말을 접하게 되었습니다.　그것은　"거거거중지행행행리각(去去去中知行行行裏覺): 가고 가는 중에 알게 되고 행하고 행하는 중에 깨닫게 된다."라는 말이었는데 그 당시 어디서 어떻게 이 구절을 접했는지는 알 수 없으나 내 마음속에 큰 울림이 되었고 지혜와 진리를 깨닫기 위해서는 우선 나를 감싸고 있는 알을 스스로 깨고 나와서 젊음을 무기삼아 무작정 도전과 전진을 해 보기로 하였습니다.

　이를 위해 택했던 직업이 해외영업이었고 대략 20년 정도를 끊임없이 해외(대략 75개 국가)로 돌아다니는 직장을 택해 일과 여행을 병행할 수 있었습니다. 직접 세상과 최대한 많이 부딪혀가며 견문과 경험을 쌓으려 하였고 여행하며 이동하는 시간 동안 다양한 인문책들을 읽으며 필요한 경우 역사의 현장에서 그 당시의 느낌을 추측해 보고 나름 고증도 해보려 노력해 보았습니다. 물론 여행 중 맞닥뜨린 수많은 난관(수차례 비행기 놓침과 캔슬, 폭설로 공항에 3일간 고립, 여권과 노트북 컴퓨터 도난, 강한 바람으로 인한 비행기 착륙 재시도, 한번 비행에 4번의 트랜짓과 72시간 이동, 러기지 배송 잘못으로 다른 공항으로 이동, 활주로가 눈 속에 파묻힌 시베리아 공항 착륙, 공항 입국 거부 등등)은 덤으로 얻는 보너스 경험이었습니다.

이후에 상기의 구절이 노자의 도덕경에서 나온 것임을 책을 통해 알게 되었고 더욱 선현들의 발자취와 남기신 금과옥조(金科玉條) 같은 어록들을 발견하기 위해 인문서적들을 탐닉하게 되었습니다.

그러던 중 수많은 동서양 선현들의 주장과 사유들 속에서 일정한 공통점과 반복되는 유형(패턴)이 깃들어 있다는 것을 지각하게 되었습니다. 이는 한순간 생겨났다 소멸되는 것이 아니라 시대와 장소를 떠나 지속적으로 반복된다는 것을 알게 되었고 이러한 부분을 하나의 책이나 도표로 정리를 하면 지혜를 사랑하며 구도(求道)하는 사람들이 좀 더 쉽게 인문책에 다가갈 수 있을 듯하여 미력하나마 최선을 다해서 작성하여 보았습니다.

여행 중 틈틈이 창작하여 기재한 한시, 우화, 산문시, 경험담 등을 취합하여 기존 철학서적과 차별되는 새로운 형식과 논리로 기존 철학을 재조명 또는 반박하여 정리함과 동시에 새로운 철학적 언어를 사용하여 제안하였습니다. 또한 철학의 역사에서 반복되고 순환되는 원리와 법칙을 정리 분류하여 설명함으로써 이해의 편의를 도모했습니다.

기존의 철학을 좋아하시는 독자 분들에게 뿐만 아니라 철학과 인문책은 딱딱하고 재미가 없다고 생각하시는 분들에게 동서양철학의 역사를 아울러 일목요연하게 정리를 하여 기초를 제공하고 역사와 철학을 접목시키는 시도를 함으로서 방대한 인문학적 재조명과 시대적 앎을 집약적으로 표현하여 전달하고자 하였습니다.

다만, "영유월령 천섭월심(嶺踰越嶺 川涉越深): 재는 넘어도(넘을수록) 높고, 내는 건너도(건널수록) 깊다."라는 격언처럼 진리와 학문은 파고들면 파고들수록 그 깊이와 오묘함의 속살을 쉬이 내어 비추어 주지 않는다는 깨달음도 같이 공유하면 좋겠습니다.

마지막으로 쉽지 않았을 인문철학책을 선뜻 채택하여 출간하여 주신 박영사 출판 관계자들 분들께 진심으로 감사의 말씀을 전합니다.

차례

서론

철학의 역사는 진리를 찾아 헤매는 끊임없는 순환의 과정이다.

신은 가장 쉽게 자신의 존재를 알려주고 설명해 주기 위해 인간을 늘 자연의 곁에 있게 했다. 게다가 역사 속에서도 늘 그의 정신을 끊임없이 보여주었다. 그러나 일부 깨어 있는 철학자들 외에는 이것을 잘 깨닫지 못하거나 알려 하지도 않았고 지금 우리가 살아가고 있는 이 시대에도 대부분의 사람들이 일상인으로 살아가기에 바빠 크게 신경 쓰고 살아가지 않는 것은 마찬가지인 듯하다.

바퀴는 앞으로 가는 것 같지만 사실은 축을 기준으로 무한히 돌고 있다. 우리가 밟고 서있는 이 땅 지구도 고정되어 있는 것처럼 보이지민 시실은 태양을 중심으로 무한히 돌고 있다. 삼라만상은 생성, 변화(발전), 소멸하고 있지만 사실은 무한히 순환하는 것이다. 지금 어디쯤 있으며 어디로 가는지는 알 수 없지만 돌고 도는 세상이자 인생이라는 것만은 알 수 있다.

동서양의 철학도 예외는 아니다. 큰 흐름 속에서 동서양의 철학이 거의 같은 패턴으로 사유의 유희가 진행되어져 가고 있었다. 즉 끝없이 순환하는 자연적 원리에 따라 변천하고 있었고 그런 가운데 동서양에서 공통적으로 나타나는 합리적이고 논리적이며 최대한 과학적 사유로 접근할 수 있는 진리 혹은 법칙 또는 지혜라고 해야 될지 모르겠으나 그 무엇인가가 존재하는 것만은 분명 알 수 있었다.

다만, 동양의 철학이 유가[儒家](성리학[性理學], 양명학[陽明學] 등)

가 자리 잡은 이후 근대에 접어들기까지 그 명맥이 유가에 너무 매몰되어 거의 끊겨버린 것은 안타까운 부분이라 할 수 있으나 실학자(實學者)들 중에서 철학다운 사유가 조선 말기에 등장하여 동서양의 철학을 아우르고 무극대도(無極大道)의 천도(天道)를 언급하니 이 역시 순환하는 철학의 대표적인 증거라 아니할 수 없다.

필자가 바라보는 철학의 본질은 인간을 포함한 세상과 우주속의 감춰진 법칙과 질서 그리고 진리를 찾아 가는 과정이다. 여태껏 동서양의 수많은 철학자들이 있었지만 그들이 내세웠던 수많은 철학 논리들로 인해 때로는 마치 인간만이 특별한 존재처럼 여기게끔 호도하고 때로는 절대불변의 무엇인가가 있는 것처럼 자신이 전제화한 원리와 논리에 대해 애기해 왔지만 인간도 세상의 일부라는 것 외에는 어떠한 것도 정확한 것이라고 명확히 단정 짓기에는 과학처럼 이론을 관찰하고 검증하는 과정을 거치기 어려우므로 다소 무리가 있는 것도 사실이다. 그런 의미에서 수학과 물리학, 화학, 생물학 등 자연과학은 그나마 자연과 우주의 원리에 가장 근접해 있지만 이런 것 들 또한 절대무변(絕對無變)의 원리라고 단정 지을 수만은 없다. 마치 뉴턴의 만유인력의 법칙이 나중에 질량에 의해 시공간이 휘어진다는 아인슈타인의 상대성이론으로 수정되는 것처럼 말이다. 심지어 자연에서는 실질적인 검증과 측정을 위한 인위적인 조작이 이루어지기 힘드니 과학적 사실도 실재로는 지속적으로 수정 보완이 이루어질 수밖에 없는 구조로 되어 있다.

다만, 과학적 발전은 수학적 증명과 실험에 의한 실증주의와 더불어 점점 더 진보해 나가면서 정체되어져 있는 철학을 앞서 나가는 듯이 보인다. 예를 들어 양자역학의 가장 큰 난제였던 물질이

입자와 파동의 성질을 동시에 지녔다는 사실을 결국 실험을 통해 증명한 듯 보이지만 철학은 아직도 우리의 지성이 외부의 자극을 받아서 어떻게 어떤 목적으로 시공간과 인과관계의 형식으로 세계 상을 형성하는지 명확하게 도출해 내지 못하고 많은 추측만 난무하고 있을 뿐이다.

추측해보건데, 안타깝게도 짧은 인생에 쫓겨 대다수의 철학자들은 지식과 과학의 한계에 봉착했음에도 자기 자신이 무화(無化)되는 것에 대한 불안과 성취욕으로 인한 조급증에 의해 또는 분명 무엇인가는 있음을 지각하였지만 언어로 표현하는데 있어 충분치 못하였거나 전체숲을 못 보고 너무 지엽적으로 나무 잎사귀에만 집착해서 생기는 오류에 의해 혼란을 가중시켜 오기도 한 것 같다.

이것은 마치 철학이 거의 처음 태동한 고대 그리스에서 소크라테스, 플라톤의 보편타당하고 객관적이며 변하지 않는 진리에 맞선 "인간은 만물의 척도이다"라고 주장한 소피스트 철학자 프로타고라스와 내게 당장 필요한 건 당신이 햇빛을 가리고 있으니 좀 비켜달라고 하였던 디오게네스의 공허한 답변처럼 아직까지도 무한히 반복되고 있는 질문과 답변이 아닐 수 없다. 이후, 근대에 들어 철학을 정신(관념, 형이상학)과 물질(유물, 형이하학)로 나누기도 하고 존재와 언어와 명제 등으로 분류하면서 열심히 연구하여 왔으나 사실상 고대 태동의 Q&A 버전2, 3을 이어 나가는 것일 수도 있다. 그렇다고 해서 고르기아스의 불가지론(不可知論)적 회의주의(懷疑主義)나 염세주의(厭世主義)에 빠져 있을 수만은 없다.

필자는 이런 혼란을 최대한 줄이고 순환(돌고도는)하는 철학자들의 주장들을 최대한 표식으로 정리하여 보았다. 또한, 이런 수많은 철학 사조와 역사적 변천과정 속에서 의도적이던 의도적이지 않은 우연이던 간에 공통적으로 흐르고 있는 여러가지 철학의 기류들이 서로 연관되며 반복 순환되고 있음을 찾아내어 정리하는 과정에서 필자 또한 살아온 인생을 통해서 스스로 체득하고 깨닫은 것과 많은 부분 일치하고 있음을 터득한 후 이를 철학적 언어로서 표현해 보려 한다. 그와 동시에 이런 공통된 기류에서 약간씩 모자라거나 불거져 나온 이론(異論)들을 필자의 사유와 새로운 철학용어로서 명명함과 동시에 설명과 이해에 용의함을 주기 위하여 한시, 우화, 산문시, 표식 등을 창작하여 같이 기재하였다.

체스판을 통한 비유

인간이 체스판의 기물이라고 한다면 우리는 우선 누가 체스를 만들었는지 그리고 왜, 무엇을 목적으로 우리를 움직이고 있는지를 알지 못한다. 또한 우리는 체스판이 움직이는 룰도 알 수가 없다. 그저 누군가가 체스 피스를 체스보드 위에서 움직이는 대로 가고 있다는 것만 알 뿐...

다만, 관찰, 체험 그리고 사유로서 보드 위의 질서와 법칙을 알아내려 노력하는 부류가 있다. 우리는 그들을 철학자와 과학자라 부른다.

01

철학 사조의
순환 과정(시대별) 정리

① 원시적 종교(토테미즘, 샤머니즘, 애니미즘, 다신교)와 신화 시대

→ BC 7세기 이전

② 자연(존재, 본질) 철학: 밀레투스 학파, 엘레아 학파, 도가(道家), 범신론

→ BC 7세기~BC 5세기

③ 인간(윤리)에 대한 관심: 유가(儒家), 묵가(墨家), 불교, 소피스트 철학, 소크라테스

→ BC 6세기~BC 4세기

④ 윤리와 형이상학 동시에 다룸: 플라톤, 아리스토텔레스(범신론), 스토아 학파

→ BC 5세기~BC 4세기

⑤ 회의(懷疑)학파와 쾌락주의 등장

→ BC 5세기~BC 4세기

⑥ 개인보다 국가(사회) 윤리 강조 사상 등장: 법가(法家)

→ BC 4세기~BC 2세기

⑦ 유일신 사상 등장: 기독교, 교부철학

→ 기원~12세기

⑧ 종교에 철학(이성) 접목: 스콜라 철학

  ➜ 13세기~14세기

⑨ 철학의 재등장: 경험론, 지동설 등 과학의 발전

  (단, 동양은 주자의 성리학 이후 추가적인 철학적 진보나 사유 소멸)

  ➜ 15세기~16세기

⑩ 인간 이성에 대한 본격적인 사유: 합리론, 종교개혁, 범신론의
  재등장

  ➜ 16세기~18세기

⑪ 철학을 통한 행동과 실천 고민: 계몽주의, 유물론, 공리주의

➜ 17세기 ~ 19세기

⑫ 이성과 경험의 접목: 관념론, 비판철학, 정반합 이론, 범신론의
  체계화

  ➜ 17세기~19세기

⑬ 염세주의의 등장: 쇼펜하우어(불교의 영향)

  ➜ 18세기~19세기

⑭ 개인주의 성향의 철학 등장: 실존주의

  ➜ 19세기~20세기

⑮ 과학을 기반으로 한 철학 등장: 현상학, 실증주의, 실용주의, 정신현
   상학, 논리실증주의, 진화론 등 ~ 기존 동서양의 철학 혼용 및 취사
   선택하는 경향

   ➔ 19세기~20세기

   ※ 상기 철학 사조의 순환 과정(시대별) 정리는 이 책의 마지막
단에 있는 부록(분류를 통한 철학 사조 정리)을 근거로 하여 요약 정리
한 것입니다. 더 자세한 부분은 부록을 참조하여 주기 바랍니다.
   이 책에 정리된 표에서 인간의 자유로운 철학적 사유 속 주관적
객관적 절대적 상대적 관념들이 사색, 고찰, 경험 그리고 논쟁이 되
어가는 과정 속에서 자연의 근본적 이치인 견제와 균형을 이루어 가
기 위해 독단적이거나 왜곡(歪曲)적 사유 또는 혁신적이거나 회의론
적 사유 등이 반복적으로 등장하였다 소멸해감을 볼 수 있습니다.
   또한, 이 책의 전반에 관통하고 있는 서사적 해설과 레토릭
(rhetoric)적 함의(含意)는 모든 인간의 철학 속에 흐르고 있는 이 자
연의 순리가 발현(發現)되고 있음을 심미안(審美眼)적 관점으로 전달
하여 이해시키고자 한 노력에 기인(起因)하였습니다.

02

범신론(자연정신)의 순환

범신론 주장 철학자들: 노자, 아낙시만드로스, 아리스토텔레스,

장자, 제논(스토아학파), 브루노, 스피노자, 헤겔, 셸링, 최제우 등

2-1 혼돈의 철학 속 범신론과의 첫 만남

만물의 영장 인간 또는 인간의 이성이 모든 것의 주인이고 자연이 잉태한 가장 훌륭한 존재라고 말하는 것은 우리 스스로 위안을 삼고 단순화시키기에는 좋을지 모른다. 마치 종교가 근대 이전 오랜 세월 동안 국가 통치와 개인이 의지하고 살아가는 그런 역할을 해왔던 것처럼 말이다.

이미 언급했듯이 인간도 대자연의 한 부분인 것만은 부정할 수 없으므로 이것으로 다시 모든 것들을 성찰해 보는 것이 필자가 생각하는 철학에 대한 온당한 접근이라고 본다. 어차피 인간은 부모인 자연을 벗어날 수 없고 점점 더 닮아가며 종국에는 다시 그 부모의 품으로 돌아가기 때문에 인간이라는 이유로 자연을 뛰어넘는 특출한 다른 존재가 될 수는 없다. 따라서 우주와 자연, 동물과 식물, 역사와 자연현상 등등을 별개로 보지 않고 연관된 시선에서 관찰해 보는 것이 문제의 해답에 좀 더 가깝게 다가가는 접근 방법이 아닐까 생각해 본다. 왜냐하면 인간 세상의 원칙도 결국 자연 섭리의 한 부분으로서 종국에는 서로가 어긋날 수 없다는 것이다.

필자가 보는 자연 친화적인 성격은 사회지향적 법칙인 평등, 행복, 질서도 있지만 그보다는 조화, 순환, 자유 쪽에 좀 더 가까운 듯 보인다. 그렇다고 지난 세월동안 많은 철학자, 과학자, 예술가, 역사가 들이 허송세월만 보낸 것은 아니다. 그들도 무언가 확실히 알 수는 없지만 자연법칙(섭리)이 반드시 존재하고 인간 세상에도 또 다른 뭔가의 법칙이 존재하므로 그를 연구해 온 것은 사실이며 또한 많은 가설과 논리들이 만들어지거나 발견되거나 체계화되어

저 왔다. 이러한 시도들은 정말 필요하며 의미가 있다고 본다. 단, 이러한 가설이나 논리들이 우주와 자연과 동떨어져 있는 무언가 가 되지 않을까 늘 고민 고찰해 볼 필요가 있다.

예를 들면, 역사는 반복되는 것일까 변화 발전하는 것일까…. 이 질문은 오래된 난제처럼 보이지만 사실 두 가지는 다 맞기도 하고 틀리기도 하다. 좀 더 따져보면 주로 물질과학의 발전이나 서양적 사고방식으로 보면 일련의 신이나 이성에 의해 선악이 구분되고 악 을 조금씩 배척해 가면서 선에 더 가까이 가는 직선적이고 다소 이 분법적인 관점 하에서 변화 발전이 맞아 보이지만 순환적인 동양적 관점에서 보면 무언가 큰 변화가 있는 것처럼 보이지만 긴 시간과 무한한 공간에서 이를 지켜보면 한 번 불꽃이 피어나서 찬란히 타 오른 뒤 이내 꺼져버리는 성냥개비와 같이 찰나의 반복이 무한이 되는 것으로서 역사와 세상이치를 그려 온 것 같다.

따지고 보면, 우리가 여태 알고 있는 지식은 주로 고증과 검증이 라는 절차를 거쳐 나온 과학적 접근 외에는 확정할 수 없다. 그나 마도 검증 방법의 오류나 절차 및 조건의 변경으로 시대가 변화하 면 또 변경될 수도 있는 것이 대부분이다. 다르게 말하면, 똑같은 한 사람이 생각하고 말하는 것도 그 사람의 나이, 시간의 변화, 건 강 상태, 날씨 등 외부환경과 돈(물질)의 많고 작음에 의해서 천차 만별로 달라질 수 있음이다. 그러니 소위 기존의 합리적 사고나 아 리스토텔레스의 논리학적 3단논법 등에 의한 발견 또는 창출한 허 점 없는 철학적 진리라는 것이 얼마나 허황되고 오류투성이 소지가 많을지 언급하지 않을 수 없다.

한 가지 분명한 것 중 하나는 인류는 그동안 지구상에서 가장 수가 많이 늘어난 포유류이다. 그러므로 다른 생물이나 자연보다는 인류 스스로 부딪히고 싸우는 일이 많아졌고 서로의 이익을 침해하지 않는 적당한 질서와 공리를 위한 공통적인 인륜을 많이 가다듬어 왔다. 동시에 수많은 종교와 왜곡된 철학과 신념 등으로 인류 스스로와 지구를 위험에 빠뜨려 오기도 했다.

그렇다고 하더라도, 근대 철학에서부터 분류하듯이 나 또한 존재론적 관점과 인식론적 관점에서 벗어나기는 어렵다. 그렇지 않으면 혼란 속에서 생각을 정리해 나갈 수 없어 보였다. 크게 보아 존재론적 관점에서 언제인가 신의 존재 여부에 대해서 곰곰이 생각해 본 적이 있다. 사실 꽤 오랫동안 답을 찾고 다녔었다. 이제는 그것에 대해 나름대로 필자의 견해를 말해 볼 수 있을 것 같다.

신의 존재 증명

첫째, 운동성의 원리.

운동하는 모든 것은 어떤 것에 의해 움직여져야 하고 무한히 소급해 가면 마지막에 부동의 원동자, 즉 제1원동자(에너지)가 자리하고 있음이 분명하다(토마스 아퀴나스).

둘째, 실존성의 원리.

이미 실존하고 있는 모든 것은 이미 존재하고 있는 어떤 것에 의해 이루어져 있다. 이를 무한히 소급해 가면 부동의 제1실존자가 자리하고 있음에 틀림없다. 예를 들어 빅뱅이 우주의 시초라고 한다면 빅뱅 역시 소급하여 적용하면 같은 원리이다.

셋째, 질서(秩序)의 원리.

모든 생물과 무생물은 보이지 않는 어떠한 질서에 따라 존재한다. 심지어 어떤 목적성을 가지고 있는 듯이 보이기도 한다. 다만, 이 목적성이 의미하는 것이 극단적 기계론이나 극단적 목적론을 의미하는 것은 아니다. 오히려 자연의 본질인 확률적이고 비결정(非決定)적 순행에 의해 진행되는 것이고 나무보다는 전체 숲을 바라보는 견지에서 언급하고자 한다.

* 아리스토텔레스 및 토마스 아퀴나스의 신 존재 증명을 일부 인용 및 참조함

노자가 얘기했듯이 도를 도라고 부르면 도가 아닌 것이 되기(道可道 非常道 名可名 非常名: 도가도 비상도 명가명 비상명)에 신을 신으로 부르지 않고 세상의 근원, 기원, 에너지, 창조자, 진리, 운명, 천기, 음양의 조화, 힘에의 의지… 어떤 것이라도 좋다. 헤겔이 주장한 것처럼 절대정신, 절대자유, 절대이성이라고 해도 무방할 것이다. 어차피 너무나 크고 너무나 오래되고 만질 수도 들을 수도 없으니 말이다(아니면 그 반대로 극도로 작고 낮아 보고 듣고 느낄 수 없을 수도 있다). 다만 한 가지 언급하고 싶은 것은 현존하고 있는 많은 그럴듯한 신의 형상을 하고 있는 특정화된 신과 종교를 말하는 것은 아니니 종교에 맹신하고 있다면 필자가 언급하는 것들을 잘 받아들이기 힘들 수도 있을 것이다. 이는 또한 스피노자처럼 범신론적 입장과 맞닿아 있는 부분이 있다.

간단히 소개하자면 스피노자의 신은 변화하는 자연 그 자체라고 하였으며, 우주의 존재와 변화는 신의 무한 양태의 표현이며 의지를 가진 신의 행위가 아니라 신적 본질의 표현이라고 하였다. 맹세코 내가 스피노자를 알기도 전에 내 스스로 사유하였던 것과 너무나 유사하여(거의 일치에 가까운) 경탄을 금치 못한 적이 있었다.

아인슈타인은 "나는 존재하는 모든 것의 법칙적 조화로 스스로를 드러내는 '스피노자의 신'은 믿지만 인류의 운명과 행동에 관여하는 신은 믿지 않습니다"라고 자신이 이해한 스피노자에 대해 언급했다고 하는데 이 언급의 "운명론적 신"을 믿지 않음을 강조하는 부분은 나는 약간 견해가 다르긴 하다. 왜냐하면 설사 그럴 것도 같지만 이미 세상에 존재하는 모든 것들은 게임의 한 부분으로서 존재 속에 머물기 때문에 신이나 자연 또는 이후 필자가 명명한 "자연정신"의 배(류) 위에 원하던 원치 않던 이미 올라타 있기 때문이다.

스피노자는 또 자신이 자신도 모르는 욕망의 굴레에 갇혀 있음을 똑바로 바라보는 순간에 그는 기계적인 욕망에서 벗어날 수 있다고 하였는데 이것은 마치 석가모니의 "해탈의 경지"와도 거의 일맥상통하는 말을 하고 있어서 우연의 일치일지는 잘 모르겠으나 만약 우연의 일치라고 한다면 정말 철학가들의 철학가로 불릴 만도 하다.

그 다음 인식론적 관점이라고 해야 될지 가치관점 관점이라고 해야 될지 모르겠지만 가치관이란 인식을 통해 세상을 바라보는 관점이다. 때로는 선악과 좋고 나쁨의 판단 기준이 되기도 한다. 동물들도 인간처럼 각 개체의 성격이 있고 생존을 위해 판단을 하고 꾀를 부릴 줄 안다. 심지어는 인간처럼 고상한 척은 안 해도 나름대로 사랑도 할 줄 하고 정도의 차이는 있을지라도 희로애락(喜怒哀樂) 자체는 다 가지고 있다. 하지만 인간만이 세상을 고찰하고 자기만의 철학과 신념을 믿게 되는 이런 '희한'한 가치관이란 걸 만들 수 있고 때로는 이용도 하는 특이하고 특별한 존재가 되었다.

진화론적 관점에서 이런 특별한 재능(?)을 가지게 된 이유를 내 나름대로 추측해 보건대 아마도 인간의 수가 너무 많이 늘어나고 집단생활을 하다 보니 적절하게 운영을 하고 통제를 해야만 생존에 유리하다고 판단되어 뇌의 발달과 함께 진보 발전해 나온 것이리라 추측해 본다. 또는 베르그송이 주장한 대로 엘랑비탈(élan vital, 내재된 생명의 힘)에 의한 창조적 진화가 가장 큰 역할을 하였을 수도 있다.

인간의 가치관이 정립되면 넓게는 모든 철학과 종교를 아우를 수 있게 된다. 하지만 지역과 시대와 사회와 개인 간의 가치관은 서로 다르다. 그러는 과정에서 서로 영향을 많이 주고받게 된다.

하지만 인간들 대부분의 문제도 이 가치관에서 나오게 된다는 데서 가치관은 마치 양날의 칼처럼 인간과 인간사회에 필요악처럼 얽여져 있다.

히틀러와 폴포트는 그렇게 많은 사람들을 처참하게 죽였지만 스스로는 마치 나름대로의 그럴듯한 가치관에 탐닉해 있었다. 우리는 모두 그러한 가치관을 혐오하고 인간존중의 사상에 위배되므로 재발을 방지하기 위해 노력해야 된다고 가르치고 있다.

그렇다면 세계사에서 정복왕으로 불리고 있는 위대한 칭기즈 칸이나 알렉산더… 이외 수많은 정복 전쟁을 일으켰던 군왕들은 우리는 어떻게 기억해야 되는 것일까? 그들 또한 그러한 살육현장에서 정의로웠다고만 할 수 있는 것인가? 그러한 일을 하는 명분과 결과가 그 모든 것을 정당화할 수 있는 것인가?

때로는 홀로코스트의 박해를 당하며 전 세계를 떠돌다 겨우 정착한 유대인들이 지금은 팔레스타인 민족을 박해하는 뒤바뀐 입장에 처해서 어떠한 역사적 가치관을 적용할 수 있는 것인가?

이 또한 철학적인 시점으로 들여다볼 필요가 있을 것이다.

한 인간으로서 나의 가치관의 변화를 최대한 객관적으로 유체이탈처럼 우선 적어볼까 한다. 그렇게 하는 이유는 인간의 가치관이 얼마나 유약하고 모순 덩어리인지 예를 들고 싶어서이다. 마치 지동설과 진화론이 나온 이후 인간의 가치관이 극도의 혼란과 양극단으로 치닫는 것처럼 말이다. 물론, 자신은 안 그렇다고 말할 수 있는 사람이 있을지 모른다. 하지만, 가치관이 늘 옳을 수 있는 존재는 오로지 신일 것이라는 전제는 부정할 수 없을 것 같다.

필자는 어렸을 때부터 오십 줄에 들어선 이 나이까지 늘 머릿속에 떠나지 않는 것이 있다. 그것은 "세상의 본질이 무엇일까?" 마찬가지로 "인간의 본질은 무엇일까?"이다. 마치 동전의 양면처럼 다른 수많은 철학자나 일반적인 보통 사람들이 가져왔던 것처럼 말이다.

이러한 답을 아직도 찾아 헤매고 있고 앞으로도 영원히 찾아 헤맬 것이다. 이에 대해 살펴볼 수 있게 틈틈이 기재해 놓았던 나의 옛 시(한시[漢詩] 포함)들을 아래에 좀 적어 놓아 보았다. 참고로, 필자는 서정적인 시보다는 철학적 사고에 감(수)성을 조금 가미하여 주로 산문 형식으로 표현해 놓은 것을 시라고 우겨 본다.

2-2 산문시

行雲夢(행운몽)

日久日暮 嘆孤嘆昏 (일구일모 탄고탄혼)
天靑鮮雲 風流散散 (천청선운 풍류산산)
飛鳥遭雲 登高疾風 (비조조운 등고질풍)
日入而息 若夢行雲 (일입이식 약몽행운)

구름의 꿈

날이 오래 되어 저무니 어둠속에 홀로됨을 탄식한다.
하늘의 곱고 푸른 구름은 바람이 불어오니 산산이 흩어지고
높이 날아가는 새는 구름을 지나 세찬 바람을 맞는구나.
해가 저물어 쉬러 가니 마치 떠다니는 구름의 꿈을 꾼 듯하다.

마음속의 집

난 매일 마음 안에 집을 짓는다.
아주 사소한 자재라도 소홀히 하지 않고 잘 다듬어 조금씩 쌓아간다.
햇빛과 바람이 잘 들고 자연의 아름다운 소리도
흘러서 나갈 수 있는
언젠가 마음 홀로 남아 있을 때 거처할 수 있도록…

오로라

무지개들의 꿈이 모이면
폭포가 되어 북쪽 하늘로
흘러내린다.

한 100억년

내가 아직 어렸을 때 어른들은 내게 종종 말했었다.
"넌 아직 어려서 잘 몰라"
내가 어른이 되고 나서 나에게 물어보았다.
"난 아직도 잘 모르겠는 걸"
그래서 난 지구에게 물어보고 싶었다.
"넌 알고 있니?"
지구가 나에게 대답했다.
"한 100억년 살다 보면 알 수 있지 않을까?"

운명이란 사냥터

운명의 신은 사냥하기를 좋아한다.

우리는 모두 그의 사냥감이다.

여태껏 그가 쏘는 총알을 용케 피해 다녔지만

언젠가는 반드시 맞게 되어 있다.

다만, 오늘만은 그 총알이 나를 피해 가기를 간절히 기도해 본다.

저금통

슬픔도 너무 슬프기만 하면 슬픔이 아니되고
기쁨도 너무 기쁘기만 하면 기뻐지지 않네.
차라리 너무 기쁠 때 저금통에 조금 채워 넣어
슬플 때 꺼내 쓸 수 없을까.

철학자가 방랑하는 이유

철학자는 이 세상 원리를 캐고 싶어 하는 호기심 많은 방랑자.
아쉽게도 아직 많이 밝혀진 건 없다.
내가 알아낸 것은 이 세상 생명을 포함한 자연은
모두 순환한다는 것이다.
다만, 시간과 공간은 순환하는 것이 아니라 무한한 듯이 보인다.
그 외는 일단 모르겠다.
하지만 이 두 가지 다르게 보이는 차이점이 수수께끼이자
또한 뭔가 힌트가 되지 않을까?

자연과의 대화

아무리 불러도 대답하지 않는 것이 난 좋았다.
아무리 만져도 반응하지 않는 것이 난 오히려 좋았다.
하지만 날 둘러싼 알 수 없는 포근함을 느낄 수 있는 것만으로
난 어렴풋이…

지천명(知天命)엔 안빈낙도(安貧樂道) 하리라

내 몸이 비로소 자연의 소리를 조금씩 더 선명하게 듣기 시작했다.
귀로는 들을 수 없는 소리
하지만 우주의 소리
하늘의 뜻을 헤아릴 시간이 다가오면 난 몸과 마음을 뉘일
안식처를 찾아 떠나리.

성공과 실패

새는 날개짓을 하여 하늘을 날 수 있기 위해 무한히 노력한다.
이카루스(Icarus)의 날개를 단 인간은 자신만의 밀랍을 믿으며
하늘보다 높이 솟아오르려 한다.
어느 날 신기루처럼 사그라질 반복된 욕망의 연속
우리는 그것을 성공과 실패라고 나름대로 평가할 뿐이다.

깨달음

조화와 질서 그리고 또다시 자유로의 투쟁
이 쉬운 말과 순환 속에
모든 우주의 삼라만상이 들어가 있었던 것이다.
다만 늘 들어 마시는 공기처럼 깨닫지 못했을 뿐

대답을 위한 역설

무지개는 실제로 잡을 수 없다. 차라리 멀리 떨어져 있어야 볼 수 있다.

너무나 크거나 작은 것은 인간의 눈으로는 알아볼 수 없다.

하지만 보이지 않는 것을 보기 위해 너무 집착할 필요는 없다.

자연스러움이란 살아 있는 동안이 아니라 죽은 후에 자연 속에 돌아감으로써 온전히 이룰 수 있다.

어떻게는 문제가 되지 않는다. 어쨌든 결과는 같으니까…

그전에 삶은 여행과 같다. 오로지 목적지에 도착하기 위해 떠나는 것이 여행일까?

조금이라도 행복한 여행을 하기 위해서는 일찍 목적지에 도착하기 전에 순간순간 주어지는 삶의 모든 것을 누리며 천천히 가면 좋지 않을까?

진정으로 누린다는 것은 아이러니하게도 영혼이라는 실체가 없거나 또는 밝혀지지 않은 무언가를 쫓아 방황하는 행위이다. 이를 위해 우리는 철학이라는 목동이 우리를 정원이 펼쳐진 안식처에 데려다 줄 것이라 기대한다.

단, 잘 가꾸지 않으면 금세 황폐해지거나 또는 너무 무성해져 가시덤불에 갇힐 수도 있다. 어둠이 있어야 빛이 있고 빛이 있어야 어둠이 있다. 왜 그런 지는 누구도 모른다.

어쨌든 자연이란 늘 그런 것이다. 정답은 늘 역설 속에 있다.

여행의 목적

나는 나를 만나기 위해 떠난다.
어디론가 오래전 떠나버린 어린 나를 만나게 된다면
나는 그저 말없이 껴안아 주고 싶다.
얼마나 외로웠냐고
얼마나 그리웠냐고
얼마나 두려웠냐고
얼마나 가슴 졸이며 떨렸었냐고
그 마음 이제야 다 알겠다고

The Lonely Voyage(외로운 항해)

인생은 고독한 항해와 같다. 이 말은 참으로 진리다.

노를 저으면 목적지에 언젠가는 도달할 수 있다. 가는 길에 높은 파도와 풍파를 만나서 어려움을 겪을 수도 있다 또는 뒤집히기도 하고 역풍을 만나거나 큰 파도에 휩쓸려 항로를 벗어나서 좌절할 때도 많을 것이다. 하지만 계속해서 노를 저으면 어떻게든 전진하게 되어 있다. 속도의 차이는 있을지라도… 따라서 손에서 노를 놓지 말고 끈기 있게 저어야 된다. 결국 문제는 속도가 아니다. 처음 목적지를 어디로 정하는가가 더 중요하다.

설레임

만약 나에게 설렘이 다시 찾아온다면 나는 제2의 젊음과 인생을 영접하게 될 것이다.

이미 모든 것에 익숙해진 세상에 길들여져 버린 나.

이제는 그 모든 것에 낯설었던 설렘의 기억조차 아득해져서 인생의 의미조차 희미해진지 오래…

문득 오래전 잃어버렸던 그 신비롭고 아찔한 설렘의 느낌을 다시 설레고 싶다.

행운

평소에는 대부분 늘 운이 없는 것처럼 우리는 느낀다.
그러나 그대가 아직 살아 있다면 운이 좋은 것이다.
그대가 이미 죽어 있다면 그것을 느낄 수 없으므로
그 또한 운이 좋은 것이다.

가장 어려운 일, 가장 훌륭한 일, 가장 불행한 사람

사람이 죽는 것은 어렵지 않다. 하지만 죽음 앞에서
어떻게 대처하는가는 어렵다.
자신의 잘못을 뉘우치는 것보다 더 훌륭한 일은 없다.
세상에서 가장 가난한 사람은 수전노이고 세상에서 가장 불행한
사람은 한 번도 불행해 보지 않은 사람이다.

문득

끝이 있는 또는 없는 이 시작은 왜 시작되었을까?
이것이 수수께끼이다.

자연과 인간의 법칙

자연에게 자연법칙이 있듯이 인간에게도 자연법칙이 있다. 이는 도가에서는 도(道)라고 하고 유가에서는 예(禮)라고 한다. 이들은 모두 이성의 또 다른 방식이자 표현이다.

죽음

나는 삶을 사랑하듯이 죽음도 사랑한다.
죽음은 삶과 생명의 진정한 어머니이다.
죽음이 없이 삶도 있을 수 없고
삶이 없으면 죽음의 가치도 없다.
죽음은 언제 어디서든 나에게 겸손을 가르치며
생명이 있는 모든 것에게 진정한 스승이다.
죽음을 상상할 수 있는 이 순간이
내가 살아가고 있는 가장 처절한 증거이며
내 생애 가장 존귀한 순간이다.
따라서, 삶과 죽음은 따지고 보면 한 가지이며
아름다운 죽음은 아름다운 삶을 살고자
한 사람에게 자연스럽게 찾아올 마지막 손님(벗)이다.

존재

세상의 모든 것은 다 존재한다. 다만 형태만 변형되어져 갈 뿐이다.
그렇다고 한다면 순간의 영달을 구(求)하느니 차라리 고귀한 영원
을 추구하는 것이 더 좋아 보인다.

고흐, 스피노자 그리고 석가모니

이들은 분명 누구보다 외로운 사람들이었고 그로 인해 자연과 조우
할 기회가 더 많아졌을 것이다.

자연스럽게 곧 인간도 자연의 일부라는 것을 터득하였고 이를 표현
하기 위해 그림, 철학 그리고 깨달음을 매개로 공유하고 싶어졌을
것이다.

자연이 곧 신이고 조상이며 분신이자 다시금 돌아가야 할 안식처라
는 것을…

해답은 가장 가까운 자연 속에 이미 간단히 존재하고 있었음을…

예술가와 철학가

불멸의 아름다운 음악, 예술과 위대한 철학에는 공통점이 있다.
인생의 삼라만상(희로애락)을 힘겹게 경험한 후 그 통찰의 깊이와
이해의 폭을 자신만의 표현 방식으로 정제하여 담아내기 때문이다.

언젠가부터

언젠가부터 기쁜 일이 생길 때 얼마나 더 큰 불행이 찾아올까 걱정이 되었다.

언젠가부터 슬픈 일이 생길 때 이제는 더 이상 불행이 찾아오지 말고 행복이 찾아왔으면 했다.

기쁠 때 약간의 기쁨을 떼어내어 옮겨 두었다가 슬플 때 대신 채워 넣어 슬픔을 줄이는 방법은 없을까?

언젠가부터 그래서일까 난 기쁠 때마저도 온전히 이를 다 누리지 못하게 되었다.

결국 시간만이 이를 가능케 한다는 것을 깨닫게 될 뿐…

언젠가부터…

출생의 비밀

미래를 만나려 하지만 만날 수는 없다.
만나는 순간 이미 과거가 될 것이기 때문이다.
과거를 기억하기 위해 역사 속에 가두려 하겠지만
오히려 과거가 미래에 의해 끊임없이 창조될 뿐이다.
그러므로 우리는 출생의 비밀을 간직할 수 없다.

운명

인생을 살아가다 보니 스스로를 믿고 안 믿고의 차이보다는 나에게 주어진 행운과 불행의 정도가 어느 정도인지에 따라 대세가 결정되는 것임을 절실히 깨닫게 되었다.

따지고 보면 그것은 어쩌면 자연 속에서 늘 보아오던 자연다운 커먼센스(Common Sense)가 우리 인간에게도 적용되어진다는 단순한 원리를 망각하고 있었던 것에 불과했다.

상처

마음의 상처가 많아 자신도 모르게 눈물이 흐를 때가 많다.

아물지 못한 상처에 연고를 발라주려는 듯 눈물은 쉽게 멈추질 않는다.

하지만 더 이상의 상처를 받지 않으려 오히려 강한 척해 본다.

의미

어떤 것에도 우리가 바라는 의미는 들어 있지 않다.

그럼에도 우리들은 스스로에게 의미를 부여하며 소중한 무언가가 되고자 또는 그 무언가를 찾으려 발버둥 친다.

영원히 생존코자 하는 욕구에서 비롯함일까… 알 수 없지만 오로지 인간만이 늘 있지도 않는 로코모션(locomotion)적 의미를 찾아서 방황한다.

분명한 것은 인간 외의 다른 생물, 사물들과는 이런 차이가 있다.

이것이 유일한 의미일까?

영접(迎接)

누가 세상이 어떤 색이냐고 물어본다면
난 차라리 칠흑같이 어두운 색이라고 말하리라.
그래야 그 어둠을 몰아내는 희디흰 밝은 빛을 영접할 수 있으리…

또 다른 하루

아침에 눈을 뜨면 또 다른 하루가 시작됨을 신께 감사드린다.
그리고 오늘 하루는 아프거나 고통스럽지 않고 즐거운 하루이길 희
망해본다.
어차피 햇빛에 비쳐진 먼지보다 작은 우리의 인생
체념하며 바람에 몸을 맡긴다.

마음의 거리

내 마음속에 산이 있다.

이른 아침 청산에 올라 그윽한 경치에 아득해진다.

촌음과 경쟁하는 사이 이윽고 저녁이 되었다.

여전히 지척에 있는 세상이지만 이미 색을 잃은 천 개의 산이

가로놓여져 버렸다.

미지(未知)의 외로움

우리는 태어날 때 혼자였듯 죽을 때도 혼자이다.

그래서 알 수 없는 미지(未知)의 외로움이 가장 두렵다.

그러므로 사랑할 때 사랑하고 슬플 때 슬퍼하자.

비로소 뫼비우스의 띠처럼 끝없는 고독이 찾아오기 전에…

우상과 별

인간의 우상은 하늘의 별만큼이나 많다.
과학은 그 별들 중 인류가 머물 수 있는 곳을 찾아 헤매고
철학은 그 우상 중 인류가 머물 수 없는 곳을 버려 나간다.

2-3 범신론 속에 깃든 자연정신

위에서 보았듯이 내(필자) 개인의 의식 속에서도 수많은 혼돈이 난립하고 또한 정리하여 정립하려 애쓰는 가치관들이 혼재함을 볼 수 있을 것이다. 하지만 그 속에서도 공통된 초자아(슈퍼에고)적(?) 무엇인가가 지속적으로 등장함을 느끼고 깨닫게 되었다. 그래서 이를 나는 임의로 '자연정신'으로 칭하고자 한다. 이와 관련하여 홀로 고민하던 나에게 노자와 헤겔, 스피노자 그리고 셸링 같은 선각자들이 이미 유사한 철학적 사색을 접했다는 것이 솔직히 큰 위로와 동질감을 주었다. 물론, 수많은 학자와 철학자 그리고 현인들이 이 알 수 없는 보이지 않는 실체를 형이상학이라 지칭해 왔으며 각자 다른 식으로 표현 및 차별화해 온 것이 어찌 보면 철학의 역사라고 할 수도 있겠다. 아예 이 형이상학을 거부하거나 부정해온 무신론, 유물론이나 니체의 소위 "힘에의 의지" 주장도 결국 이 자연정신을 어떻게 풀이하냐의 또 다른 표현이라고 본다.

내적 의식 속 가장 큰 혼돈의 한 가지 예를 더 들어보면 죽음의 두려움에 맞서기 위해 작성한 글이 있었다.

죽음에 대한 나의 고찰(考察)

죽음 이후에 대해서 어떤 것도 증명된 것이 없기 때문에 단정지을 수는 없다. 다만 우리의 마음과 영혼이 이에 대비하기 위해 몇 가지로 생각을 정리하여 본다.

첫째, 물리적으로는 죽음 이후에는 아무것도 감각하거나 느낄 수 없으므로 따로 걱정할 필요가 없어진다. 신이 외부로 나타내어진 것이 곧 세상이다. 그런 의미에서 보면 인간도 신(세상)의 일부분 또는 자식이며 결국 죽어서 세상의 일부로 환원되어 신에게로 돌아간다.

둘째, 만약 영혼이라는 것이 있어서 어딘가로 또 누군가를 만나야 한다면 평소 될 수 있는 대로 덕(선행)을 베풀며 악한 행동을 하지 않도록 주의하며 또 뉘우침이 있어야 한다. 그럼으로써 모든 것에 집착과 미련을 남기지 않을 수 있고 매 순간 편안한 마음을 유지하여 대비할 수 있다. 어차피, 자신의 마음과 영혼은 자석과 같아서 사람이 생을 다하여 죽을 때도 내 영혼이 평소 끌리는 대로 가게 되어 있다.

셋째, 신이나 조물주가 있을 것이라는 희망(믿음)을 가져보자. 만약 없다면 상기 두 가지 중에 하나에 해당될 것이고 만약 있다면 자비롭고 정의로운 신이 그렇게 야박하게 피조물을 내치지는 않으리라.

넷째, 정신적 수양이나 현자의 말씀을 따르려고 한다면 이 또한 상기 언급한 부분과 크게 벗어나지 않을 것이며 또한 근본은 유사하리라고 본다.

다섯째, 남아있는 가족이나 사랑하는 사람에 대한 걱정이나 번민이 있다면 마음이 편치만은 않을 것이나 최선을 다했다면 결국 따뜻한 마음으로 마지막을 맞이할 수 있을 것으로 생각한다.

여섯째, 죄와 행악은 미워하되 그 외 사람과 세상에 대한 모든 미움과 원한은 용서하고 번민을 놓고 가는 것이 진정한 지혜 있는 자(철학자)의 처신이다. 결국 사랑과 자비만을 마음속에 남기고 그 외 모든 것은 잊어버리고 놓고 간다면 그 자체로서 천국을 맛보며 떠날 수 있는 행운을 가지게 될 것이기 때문이다.

이는 사실 죽음에 대한 두려움을 이겨 내기 위해 여러 가지 생각들을 최대한 긍정적으로 엮어서 가치관화 한 것이었다. 하지만 더 두려운 것은 이러한 가치관들 중 일부는 어느 순간 고착화되어 신념화 될 수도 있다는 것이다. 이런 신념에 대해 아래와 같이 또 글을 작성하여 보았다.

신념

불안하기 때문에 수많은 신념들이 탄생했다. 인간의 머릿속에서…

의지할 힘이 필요하기 때문에…

자신의 존재가 잊혀 지지 않기를 바라기 때문에…

또 다른 많은 여타 이유로…

이것은 때로 종교라는 이름으로 때로는 제도나 철학이라는 이름으로 심지어 증명되지 않는 자연과학의 전제로도 여기저기서 난무한다.

아직도 난 DNA에 따르는 본능과 인간의 사고력 사이에 알 수 없는 그 역학관계가 왜 어떻게 무엇으로 발생되어 형상화되어 가는지 명확하게 도출해 낼 수가 없고 그 어떤 선지자와 과학자가 답을 내 놓은 적이 없다고 단언할 수 있다.

그저 착각으로 만들어진 또 하나의 프로크루스테스 침대를 만들어 내진 않았는지…

이것을 인정하고 무지와 착각 속 편향된 신념에서 스스로 껍질을 벗고 나올 수 있을 때 깨달음의 출발점에 겨우 다시 설 수 있지 않을까?

오늘밤에는 베토벤의 운명을 들으며 잠자리에 들려고 한다.

상기 산문시에서 명확한 신념은 존재하기 어렵다는 것을 표현한 것이지만 자연과 사회 현상 속에서 관찰하여 유출해내는 현상들로 우리는 나름대로 철학과 과학을 형성시켜 왔다. 그 또한 기존의 철학과 과학 위에 수정하고 복귀하고 덧붙여 이루어진 것이다.

원칙적으로 말하면 진리는 세월이 변해도 변함없는 것을 의미하고 감동은 아무나 할 수 없는 그 무언가를 느껴 보았을 때 생긴다.

그러므로 인간은 허위와 과장과 부조리 속에서도 늘 진리에 목말라 있고 그 진리에 가장 근접해 가려고 하는 호모트루플니스(Homo Truthfulness)를 지향(指向)해 가는 존재로 명명(命名)해 본다.

이와 유사해 보이지만 대조적인 개념으로 호모트루시니스(Homo Truthiness, 직관과 직감에 의한 진실을 믿거나 추종하는 사람 또는 객관적 사실 여부에 상관없이 믿고 싶은 것을 믿는 심리)가 있는데 대부분의 사람들이 이 유형에 속하거나 경향성이 있다.

이 책의 전반에 일컬어지고 있는 필자를 포함한 대개(大槪)의 사람과 심지어 대부분의 현인들조차 사실 어느 정도는 호모트루시니스적 관점의 소유자들이라고 해도 과언이 아닐 것이다.

그렇다면 나에게 있어서 신념과 비슷한 진리는 무엇일까? 나는 이렇게 말할 수 있을 것 같다. "세상이 존재하므로 신이 존재한다. 또는 신이 존재하기 때문에 세상이 존재한다." 앞서 언급한 대로 신이란 것은 여러 가지 표현으로 바꿀 수도 있고 "자연정신"으로도 대체하여 필자는 주장하려 한다.

물론, 기존의 논리실증주의적 분석이나 칸트의 이성적 비판에 따르면 말이 안 되거나 말할 수 없는 얘기를 한다고 할 수 있으나 현재까지 공기를 마시고 살아가고 있는 나와 내 주위의 모든 것들을 총망라하여 나에게 있어서는 이것이 가장 명확하게 다가오는 논리 명제이다.

우리가 존재론적 관념만큼 중요하게 생각하는 가치론적 논제는 정의에 관한 것이다. 동양에서는 오히려 실존적 물음보다는 통치체계나 규율 같은 것들이 더 중요하게 여겨져 왔기 때문에 유가의 인의예지신(仁義禮智信)을 거의 숭상해 왔었다. 특히 예(禮)를 통치에 유리하게 적용하여 지나친 법률과 격식으로 전환시킴으로써 결국 스스로를 옭아매는 자승자박(自繩自縛)이 되어 왔었다. 이를 우려하여 노자는 인위적인 예(禮)보다는 도(道)가 세상으로 표출된 덕(德)을 강조하기도 했었다. 이는 고대 한국에도 영향을 주었는지 교류가 있었던지 간에 홍익인간(弘益人間)과도 의미가 서로 맞닿아 있다고 할 수 있다. 그렇지만 예(禮)의 원래 의미는 격식과 율법을 의미하는 것이 아니다. 인간과 인간 간의 좋은 유대 관계와 정의를 실현하고자 자연정신을 통해서 스스로 자생한 것이며 마치 인위적으로 억지로 만든 듯한 착각으로 여겨 왔음이다.

예(禮)라는 것의 본질은 자신을 낮추고 타인을 배려하는 것이다(禮則自卑而尊人: 예즉자비이존인). 이 점에서 출발하여 사단(四端)의 사양지심(辭讓之心: 겸손[謙遜]히 마다하며 받지 않거나 남에게 양보[讓步]하는 마음)으로 발전 전개되었다. 그러는 가운데 수많은 격식으로 포장되어 백성을 감시 학대하는 데 이용되었으니 본말이 전도된 대표적인 케이스라 하겠다.

예전의 친구들을 떠올려 보며 아래와 같이 작시(한시)를 해 본 적이 있다.

一日一酒皆朋友(일일일주개붕우)

急亂之境難尋友(급난지경난심우)

매일 같이 술자리를 기울이며 모두가 친구가 되었지만

곤경과 어려움에 봉착하니 진정한 친구를 찾을 수 없네

하지만 이는 나를 두고도 한 얘기이다. 나 또한 이런 친구와 별다를 것이 없기 때문이다. 이렇듯 진리와 정의에 늘 가까워지고 싶어도 실제적으로 실천적으로는 가까이할 수 없는 아득한 것이 진리와 정의이기도 하다.

공자가 논어를 통해 전한 수많은 교훈적인 말 중에

知之者 不如好之者(지지자 불여호지자)

好之者 不如樂之者(호지자 불여낙지자)

아는 사람은 좋아하는 사람만 못하고

좋아하는 사람은 즐기는 사람만 못하다

라는 구절이 있다. 나는 그 말씀에 건방지게도 한 가지를 덧붙여 보고 싶다.

樂之者 不如知足者(낙지자 불여지족자)

知足者 不如自知者(지족자 불여자지자)

즐기는 사람은 만족할 줄 아는 사람만 못하고

만족할 줄 아는 사람은 자신을 아는 사람만 못하다

물론 이는 자족할 줄 알고 스스로를 성찰하는 것이 가장 중요함을 말하기 위해 주제넘게 옛 선현의 문구에 빗대어 첨구를 해 보았다. 공자가 나이 70이 넘어서도 아직 오불시고예(吾不試故藝: 나는 세상에서 써 주지 않은 탓에 예(藝)를 익히게 되었다)라고 하셨으니 그런 분의 글에 첨언을 한다는 것이 죄송스럽다.

다만 여기서 필자는 공자가 자연정신과 관련하여서도(또는 맥락이 유사한) 그의 말과 가르침 전반에 언급하고 있다고 본다.

富貴在天死生有命(부귀재천사생유명: 죽고 사는 것은 운명(運命)에 의한 것이고, 부자나 귀인이 되는 것은 천명(天命)에 달려 있다)이란 유명한 말뿐만 아니라 天(천)과 命(명), 순리(順理), 순명(順命) 등을 자주 등장시킨다. 이는 "하늘의 뜻"이나 "운명"으로 번역할 수 있다. 비록 이 천과 명에 대한 존재론적 질문이나 논의는 따로 있진 않았지만 이를 자신의 가르침에 자연스럽게 등장시키고 전반에 걸쳐 녹여 내고 있음으로써 삶을 살아가는 데 있어 또는 위정자로서 삶에 지혜의 지침이 될 수 있도록 적절히 활용하고 있다.

더불어 공자와는 다소 대척점에 있는 노자를 다시 소환시키면, 노자의 사상은 다소 니힐리즘(허무주의)이라고 느껴질 수도 있겠지만 그 반대로 현실을 직시함으로써 진실을 찾아가려는 노력을 게을리하지 않는다면 그 속에서 세상을 객관적으로 관조할 수 있는 여유를 가지고 새로운 희망과 위안을 찾을 수 있다.

그 근거로서, 필자가 짚고 싶은 부분은 이후에 장자에 의해 더욱 고착화되어 개인적으로 아쉬운 대목인데 무위(無爲)와 인위(人爲)를 너무 차별화해버렸다는 것이다. 사실 인위도 크게 보면 무위 즉 자연적인 행위의 하나인데 다만, 그 정도가 지나치면 그야말로 자연에 위배되거나 이질적으로 억지로 꾸민 인위(또는 유위[有爲])가 되는 것이다. 이를 경계해야 됨에도 우리가 행위 하는 모든 인위를 무위와 구별해서 말함으로써 혼란과 허무주의가 발생하게 되는 것이다.

자고로 100%의 무위(無爲)가 있을 수 없듯이 또한 100%의 유위(有爲)도 있을 수 없다. 인간의 이성과 정신도 결국 자연의 산물임을 장자는 본인의 "지혜"로서 깨닫지 못한 듯하다. 마치 무지개가 보인다고 해서 가까이 갈수록 잡을 수도 볼 수도 없는 것과 같다고나 할까. 그 자신이 누구보다도 높은 경지에 이르는 지혜를 얻었다고 착각하는 것 또한 본인에게 주어진 이성(즉 인위)에서 나왔다는 것을 깨닫지 못하니 안타까울 수밖에 없다. 아마도 당시 유가에 대한 지나친 차별화에 집착하거나 우월감에서 파생된 것인지는 모르겠으나 오히려 말하지 않는 것이 현명(知者不言 言者不知: 지자불언 언자불지)하다는 자신의 주장과는 반대되게 이러한 현란한 혀의 놀림(말의 유희[遊戲]나 우화[寓話])으로 자신과 후대인들을 미혹(迷惑)시키고 신비주의로 몰고 가는 우를 범했으니 자칫 노자의 도(道)를 신선이나 신령이 난무하는 이야기 거리나 민간신앙으로 호도할 수도 있게끔 만든 일등 장본인이 아닌가 싶다. 다만, 그가 소개한 수많은 우화에서 가장 많이 등장하는 인물이 공자인걸 보면 내심으로는 애증과 더불어 공자를 존경하고 있었음에 틀림없다.

따라서, 노자의 무위(無爲)와 공자의 인의(仁義) 중 인간의 도리(윤리)로서 자연정신에 크게 위배되지 않는 가치들은 서로 배격되는 것이 아니라 서로 상호 보완적인 관계인 것이다. 또한, 이로 볼 때 세상의 진리에 가까운 이치일수록 그 신묘함은 서로 유사하게 일치되어 감을 다시 한 번 강조하고 싶다.

구태여 한 가지 예를 들면, 예수가 "왼손이 한일을 오른손이 모르게 하라"고 하였는데 불가에서는 "주는 사람이 없이, 받는 사람도 없이"라는 말이 있고 도가에서는 "마음에 자취가 없어야 한다"라고 화동(和同)하고 있으니 서로가 주장하는 바는 서로 일맥상통함을 알 수 있다.

이와 관련하여 한자로 된 널리 알려진 명언들을 취지에 맞게 도열해 보았다. 제목은 직접 자작하였다.

不流不川(불류불천)

生老病死吉凶禍福喜怒哀樂興亡盛衰(생노병사길흉화복희로애락흥망성쇠)

自然攝理(자연섭리)

月滿則缺物盛則衰(월만즉결물성즉쇠)

興盡悲來(흥진비래) 苦盡甘來(고진감래)

福之爲禍禍之爲福(복지위화화지위복)

化不可極深不可測也(화불가극심불가측야)

井蛙不知海夏蟲不知氷(정와부지해하충부지빙)

一葉落知天下之秋(일엽낙지천하지추) 人生如朝露(인생여조로)

流水不爭先之道(류수부쟁선지도)

泰山不辭土壤(태산불사토양) 河海不擇細流(하해불택세류)

分久必合(분구필합) 合久必分(합구필분)

無平不陂(무평불피) 無往不復(무왕불복)

破山中賊易(파산중적이) 破心中賊難(파심중적난)

自勝者强(자승자강) 困窮而通(곤궁이통)

其操心也危(기조심야위) 其廬患也深(기려환야심)

衆惡之必察焉(중오지필찰언) 衆好之必察焉(중오지필찰언)

大賢若愚(대현약우) 無極大道(무극대도) 道法自然(도법자연)

흐르지 않는 것은 내가 아니다

생노병사, 길흉화복, 희로애락, 흥망성쇠는 모두 자연의 섭리이고, 달은 차면 기울고 만물은 번성하면 쇠잔해진다.

즐거운 일이 지나가면 슬픈 일이 닥쳐오고 괴로움이 다하면 낙이 찾아온다.

복이 화가 되고 화가 복이 되니 변화는 다함이 없어서 그 깊이를 헤아릴 수 없다.

우물 안 개구리는 바다를 모르고 여름 벌레는 얼음을 알지 못한다.

잎새 하나가 떨어지는 것을 보고 천하에 가을이 왔음을 알 듯이 인생은 아침 이슬과 같다.

흐르는 물은 서로 앞서 가려고 하지 않으며

태산은 작은 흙덩이도 사양하지 않고 강과 바다는 가는 물줄기도 가리지 않는다.

오랫동안 나뉘면 반드시 합하게 되고, 오랫동안 합쳐져 있다면 반드시 나뉘게 된다.

평탄하기만 하고 기울지 않는 평지는 없으며, 가서 돌아오지 않는 것은 없다.

산 속의 적을 격파하긴 도리어 쉬워도 마음 속 적을 격파하긴 어렵다.

자신을 이기는 사람이 진정 강한 사람이니 궁하면 통할 것이다.

그러므로 그 마음가짐이 절실할 수밖에 없고 그 어려움을 극복하는 생각이 깊을 수밖에 없다

모든 사람이 미워할지라도 반드시 살필 것이며 모든 사람이 좋아할지라도 반드시 살필 것이다.

크게 현명한 사람은 어리석어 보이는 것이니 끝없이 위대한 자연의 순리를 따르는 것이 곧 도이다.

2-4 역사 속에 등장하는 범신론자들

이상에서 보듯이 공자와 노자는 서로 상반된 주장을 펼쳐 왔다고 전해져 왔으나 필자는 서로가 자연정신의 이상을 좇는 공통된 부분이 더 크게 존재하고 있음을 언급하고자 한다.

대저, 도(道)라는 우주와 자연의 생성과 운행의 이치를 표현하기 위함이지 어떠한 삶으로 살아가야만 하는 액션 플랜이 아니며 또 그러한 것을 한정 지을 수도 없다. 단지, 그러한 도나 자연정신에서 지혜를 얻어 세상을 살아가거나 관조할 수 있는 수양에 도움이 되어야 한다.

20여 년 전 열반하신 성철 스님이 남기신 어록 중에 참으로 와 닿아 늘 마음속에 지니고 다니는 구절이 있다. "현대인의 병폐는 모자람에서 생기는 것이 아니라 오히려 넘쳐남에서 발생한다"는 것이다. 물질만능이 넘쳐나는 현대사회가 직면한 사회 문제(오염과 공해, 그로 인한 지구온난화, 과도한 법규, 전쟁, 폭력과 테러, 인간의 욕심으로 인한 자연파괴 등등)가 대부분 이러함에서 생겨남을 간과할 수 없다. 차라리 조금 모자란 것이 오히려 자연친화적이고 서로 돕게 하여 인간애를 고양시키고 이로 인해 인간의 행복도를 높일 수 있지 않을까… 유가에서도 과유불급(過猶不及)이라 했으니 동서양과 고금(古今)의 신묘한 도와 오묘한 원리는 결국 물과 같아서 같은 골짜기 같은 바다로 흘러 들어가 섞이기 마련이다.

필자가 그 많은 철학자 중에 유독 범신론적 철학자들을 하나로

묶어서 소개하고자 함에는 이유가 있다. 물론 이들이 동서양의 철학자 중에 가장 정점에 위치한 인물들 중에 하나로서 대표성이 있는 것도 있지만 이들이 전하고자 했던 애기들이 표현 형식이나 설명 과정이 다소 다르게 보일지 몰라도 결국 핵심적으로 주장하고자 했던 것이 거의 같은 것으로 나는 받아들였기 때문이다.

종국적으로 이들 위대한 철학자들은 자연에서 답을 찾고 인간의 절대 자유를 최상위 목표로 두었기 때문이다. 우리가 돌아갈 곳은 결국 자연(물아일체: 物我一體)이기 때문일 것이다.

이러한 자연정신과 관련하여 좀 더 심도 있게 분석해 보겠다.

선현들의 훌륭한 가르침에는 공통된 줄기들이 있다. 바로 나 스스로를 돌아보고 겸손하게 자신을 낮추고 타인을 섬기며 항상 평정심을 유지하라는 애기들이다. 이런 말들은 세상을 살아가는 참된 지혜인 것만은 부인할 수 없다. 하지만 가끔씩 늘 항상 이런 평정심을 유지하는 것이 자연의 이치에 부합하는지는 나를 따라다니는 풀리지 않는 물음표였다. 왜냐하면 자연 속에서도 늘 평화가 지속되지는 않기 때문이다. 어쩔 때는 바람도 세차고 불고 화마와 쓰나미가 번갈아 발생할 수도 있지 않은가. 그러므로 성현은 이런 자연현상(물리력[物理力]과 생명활동)마저 견뎌내고 극복한 사람들일 것이다. 참으로 대단하지만 이것이 자연스러움과 부합하는지는 여전히 수수께끼이다. 어쩌면 이를 이루게 만든 것은 선현들 각자의 강력한 신념에 의해서일 것이다.

이 신념 속에는 물론 종교도 포함되어 있다. 이런 의미에서 종교의 긍정적 측면도 존재한다. 하지만 신을 구체화 특성화하여 형상화하고 이외에는 배타적으로 대하는 대부분의 종교는 분명 필자가 주장하는 자연이 곧 신이라 일컫는 것과는 불일치할 수밖에 없다.

　필자는 중고등학교 시절 한 친구가 예쁜 여학생들이 많이 다닌다고 해서 별다른 생각 없이 또는 불경스럽게도 재미삼아 교회를 열심히 다닌 적이 있었다. 이후 동기가 어떻게 되었든 점차 교회의 가르침에 푹 빠지게 되었고 그러면서 성경을 열심히 완독한 적이 있었다. 하지만, 어린 나이에도 많은 논리적 모순을 느끼게 되어 이에 대한 질문을 많이 하게 되었다. 교회의 사제들은 자신들의 주장에 대해 무조건적 믿음을 강조하며 하나님을 향한 믿음이 약해서 회의를 느끼는 것이라고 하였었다. 그러면 그럴수록 더욱 이질감을 느꼈었고 나의 친구들이 모두 방언을 내뱉고 통성 기도를 할 때 나 혼자만 눈을 뜨고 주위를 둘러보곤 했었다. 왜냐하면 예수가 성경 속에서 언급하고 있는 말들은 사제들이 교묘히 왜곡한 말들과는 다르게 인식되었기 때문이다. 예수는 매우 혁신적 마인드의 소유자였고 실천적 사랑을 강조한 박애주의자였으며 누구나 마음속에 사랑이 있으면 그것이 천국이고 하나님의 자식이며 그런 의미에서 자신도 하나님의 아들이라고 말했던 것으로 개인적으로 이해가 되었는데 느닷없이 교회에서 강조하는 바대로 독생자 유일신(성부 성자 성령 삼위일체)화되어 하나님의 구원을 받기 위해서는 모든 것을 묻지도 따지지도 않고 회개하여 신앙을 중시하는 불멸의 교리를 믿고 따라야 한다고 하며 그렇지 않으면 부활하지 못하고 영원한 지옥에 떨어진다고 겁(?)을 주니 사실 어린 마음에 두려움을 느끼지 않을 수가 없었다. 더더군다나 이런 말들을 복음이라고 하여 지속적으로 반복을 시키니 나도 모르게 두뇌 속에 세뇌작용이 일어나고 있었다. 하지만, 오히려 예수의 말들을 다시 읽어보고 사유를 해볼수록 교회에서 얘기하는 회개와 교리 등과는 온도차가 분명히 있었다. 결국 수많은 질문을 그대로 안은 채 교회를 나오게 되었고 인간의 모순과 위선들을 다시 한 번 더 확인하는 경험으로 내게는 남게 되었다. 물론 신앙이 필요한 사람이 있다면 가치 공유를 하는 사람들이 모여서 마음의 평안과 위로를 얻을 수도 있고 찬송가를 부르며 즐거운 에너지와 추억을 얻을 수 있으며 전도와 봉사를 함으로써 삶의 활기를 불어넣을 수 있으니 긍정적인 측면을 동시에 아우르는 종교를 비난하고 싶지는 않다. 다만, 진리를 탐하는 호모트루풀니스(Homo Truthfulness)적 자아를 찾고자 한 나로서는 맹신(盲信) 속에 머물러 있지 못했던 것뿐이다.*

　교회를 다니던 때 그나마 나에게 가장 흥미를 일으킨 화두가 있었다. 그것은 우리 인간은 늘 교만하고 자만하여 탕자처럼 떠돌다 결국은 아버지 하나님에게 다시 돌아와 자신의 나약함을 고백하고 의지할 수밖에 없는 존재라는 것이다. 니체에 의하면 이 모든 것이 선악으로 이분화시킨 나약한 인간이 만든 노예적 발상과 이 세상에 존재하지 허구적 피안의 세계를 만들어 기만해 온 망상에 불과하다고 하였다. 나 역시 공감하지만 자연정신은 이 나약함과 피안의 망상마저도 때로는 필요하기 때문에 인간을 통해 발현되어져 나온 것

---

* 상기 필자의 경험은 내 개인적 경험과 인식이며 교회나 특정 종교를 일반화한 경험이 아님을 밝혀 둔다

이 아닌가 추측해 본다. 그렇지 않다면 인간은 한없이 교만해지고 극도로 이기적으로 변해 스스로 자각하기도 전에 공멸의 시간을 더욱 빨리 앞당길 수도 있기 때문이다.

종교 중에는 철학적 주장이나 이념을 모티브로 하여 생성된 종교들도 일부 있다. 한국 토종 종교인 천도교도 인내천(人乃天) 사상으로 시작되었으니 그런 부류가 아닐까 추측해 본다. 물론 불교와 도교도 원래의 석가모니와 노자의 의도와는 많은 부분 틀려지고 변형되어져 왔지만 그 뿌리는 그분들의 철학적 사고에 기초해서 진행되어졌다.

다시 돌아가서, 우린 자연치유라는 말을 쓸 때가 있다. 말 그대로 시간과 공간을 포함한 자연은 폭풍우가 지나면 다시 화창해지고 모난 돌이 있으면 바람과 물로 평평하게 만들어 평온하게 만들어 버린다. 이 부분은 사람들 사는 세상에도 대비하여 보면 결국에는 돌고 돌아 평정심으로 돌아오는 것이 가장 자연다운 평화로운 모습이라고 노자도 강변하고자 했던 것 같다.

인위(人爲)보다는 자연 속에서 인간 본연의 모습을 찾자고 주장한 루소와 같은 철학자나 사상가들도 이미 수없이 존재해왔다. 다만, 대부분의 철학자들이 자연과 정신/이성을 구별지어 생각하고자 하는 경향이 있었고 더더군다나 신을 따로 떼어내어 분석하려고 해왔었다. 나는 이 모든 것들이 사실은 하나로 일치하며 원시의 빅뱅과 유사한 태동 또는 원천자가 다른 형식으로 형상화되어 나가는 것이라 본다. 이와 같은 원리를 노자는 표현할 수 없다 하여 도라고 불렀고 헤겔은 유구한 역사 속에서 변치 않는 어떠한 패턴을 발견하여 절대정신이라 칭하지 않았나 추측해 본다.

따라서 자연에서 삼라만상을 관찰하고 인간세상에 응용하고자 하여도 사실 부딪히거나 모순되는 듯이 보이는 이치도 많이 있어 보인다. 예를 들어, 노자와 예수는 원수를 용서하고 도리어 덕으로서 갚는다거나 한쪽 뺨을 맞으면 도리어 다른 쪽 뺨도 내놓으라는 박애(博愛) 적인 가르침을 주셨는데 이는 참으로 현실적이지 않는 듯이 보이기는 한다. 이와 관련하여 공자는 "원수를 덕으로 갚으면 덕은 무엇으로 갚는가 라며 덕은 덕으로 갚고 원수는 정직함과 정의로서 대한다"(子曰 何以報德 以直報怨 以德報德 자왈 하이보덕 이직보원 이덕보덕)라고 반박하였다.

또한 선현들은 욕심을 버리면 다툼이 없어질 것이라고도 하는데 인간과 마찬가지로 자연 속 동식물들은 하나같이 서로 경쟁하며 약육강식으로 살아가고 있는 것도 엄연하고 냉혹한 실존 현상이다. 인간들도 이런 경쟁이 없었다면 이 세상에서 도태되었을 수도 있고 현대 사회의 물질적 발전을 이루기에 요원하였을 것이다.

참고로, 니체도 '위버멘쉬'가 인간의 나약함에서 벗어나 이런 현실을 직시해야 한다고 주장했었다.

이런 부분들로 인해 가치관의 혼란을 겪을 수밖에 없을 것이다. 따라서 필자가 보는 관점은 자연의 법칙은 어느 한쪽으로 치우치지 않는 적당한 중용과 균형으로 시간이 흐름에 따라 치환하게 되어 있다는 것이다. 아무리 좋은 것도 아무리 나쁜 것도 오래 가질 못하니 적절함을 찾아가는 과정으로서의 삶이 구도자의 삶이 아닐 까도 조심스럽게 생각해 본다. 하지만 사실 쉽지 않은 것임에는 틀림

없다. 아니, 사실상 가장 어려운 일이 중도와 중용 또는 균형을 인
위적으로 유지하는 것이다. 심지어 자연 속에서도 헤아릴 수 없는
시간과 공간이 소요되기 때문이다. 그러하니, 근심하고 불완전한
사람들은 스스로 정신적인 안도감과 불안을 떨쳐 내기 위해 수많은
종교와 사상과 신념들을 마치 마약처럼 생성시키고 홍위병처럼 의
지 및 실행해 왔던 것이리라.

망각

행운몽(行雲夢)

미혹의 어둠속에 빠진 윤회의 바다
그 번뇌 속에서 힘들고 지칠 때마다 늘 말없이
내 곁에서 내 쳐진 등을 어루만지던
대자연의 어머니께서 보내주신 치유의 또 다른 이름
나는 또 하나의 디오니소스가 되어
그 망각의 긍정에 빠져든다.

2-5 자연정신의 과제(야만과 이성 사이)

　우리 인간은 강한 존재인가 야한 존재인가 또는 선한 존재인가 악한 존재인가? 이 논제도 마치 역사가 발전하는 것인지 반복순환되는 것인지를 파악하는 것만큼이나 혼란스러운 난제 중 하나이다. 서양 종교인 기독교, 유대교 또는 이슬람교 등은 인간이 신이 금기시한 선악과를 먹고 원죄를 지었기 때문에 스스로 천국으로 갈 수 없는 나약한 존재이며 필히 선지자나 구원자에 의해서 회개하고 구원을 받아야만 천국으로 갈 수가 있다고 하였다. 또한 서양의 마키아벨리나 염세철학자들도 그러한 시각과 전제로서 그리고 동양의 순자나 한비자, 상앙 등도 인간의 성악설을 주장하며 올바른 교육과 예절법규로서 도덕적이지 못한 인간을 이끌어야 된다고 하였다.
　인생을 살아오면서 좌절하고 유혹에 넘어가고 흥분하여 참지 못하는 경우가 하루에도 여러 번 발생하는 것을 보면 인간이 나약함에 틀림이 없을 듯하다. 그러나 한편으로는 고난과 역경을 이겨내고 훌륭한 작품을 남긴 예술가나 목숨을 바쳐 나라를 지켜 내었던 각국의 장군들이나 애국자들 그리고 자신만의 신념을 지키기 위해 한평생 수도자로서 타인을 위한 봉사의 삶을 살아가고 있는 수도자/구도자들은 정반대로 선하면서 스스로를 이겨낸 강인한 사람의 모습으로 보인다. 비단, 위대한 위인들뿐 아니라 정도의 차이는 있겠지만 사람들에게는 측은지심(惻隱之心)이 있어 물에 빠진 어린이나 심지어 다른 동물을 보더라도 자신의 위험을 감수하고 구하고자 하는 마음이 있다. 허나 이 또한 인간만의 전유물은 아니다. 인간의 숭고한 정신의 발현과 비교하고 싶지는 않지만 우리는 가끔씩 금수

(禽獸)보다 못한 인간이라고 자조하거나 꾸짖을 때가 있다.

육식동물에게 공격을 당하고 있는 새끼를 구하기 위해 자신의 목숨이 위태로워질 때까지 맞서는 모성을 보는 것은 그리 어렵지 않게 접할 수 있고 때때로 자신의 주인을 지키기 위해 죽음을 무릅쓰고 맹수와 사투를 벌이거나 불속에서 자신의 몸에 물을 적셔와 불을 끌려 한 의견(義犬) 이야기 등도 심심치 않게 들어왔기 때문이다. 심지어 까마귀는 새끼가 자란 뒤에 늙은 어미에게 먹이를 물어다 주는 효성(오유반포지효[烏有反哺之孝])이 있으며 코끼리나 강아지 같은 반려 동물들끼리도 물에 빠졌을 때 구해주기도 하고 드물긴 해도 서로 위난(危難)이 있을 때 도움을 주려고 나서는 경우가 있다.

이를 토대로 볼 때 자연과 마찬가지로 인간 역시 악하고 선하고 약하고 강인하고의 극단의 모습을 가지고 있는 것이 아니라 백지 도화지처럼 공허하고 담백하며 공기처럼 물처럼 변해 갈 수 있는 존재이다. 물론 사람 각자의 기질이나 성격의 차이는 있겠지만 크게 보면 이런 범주에 포함된다고 말할 수 있다. 따라서 늘 스스로를 성찰하려 하고 자연의 섭리와 진리에 언제나 깨어 있으려 노력하며 언제든 겸허히 신의 목소리를 들으려는 자세를 가지고 있다면 크게 근심하고 두려워할 것은 없을 듯하다.

그렇다 하더라도 인간의 물질만능의 무한한 발전과 인구의 증가로 인해 자연은 파괴되어 가고 있다. 이에 또 다른 딜레마에 빠지지 않을 수 없다. "인간의 발전이 옳은 방향으로 가고 있는 것인가 아니면 이런 것이 발전이라고 하는 것이 맞는 것인가"이다.

아무리 선한 의지를 가지고 인류를 사랑하고 옹호하는 사람들이 있다고 하더라도 이런 결과를 보고 인간의 편에 서야 될 지 지구와 자연의 편에 서야 될지 가치관의 혼란을 겪게 되기도 한다.

　바야흐로 새로운 큰 과제와 도전에 직면한 시대임에는 틀림이 없다. 이제 자연을 유린하고 조화와 균형을 깰 수 있는 단계에 직면해 있기 때문이다. 우리가 스스로 이러한 과거의 잘못을 고쳐 나가지 않으면 결국 자연이 나서게 될 것이다.

　過而不改是謂過矣(과이불개시위과의: 잘못을 저지르고도 고칠 줄 모르는 것이 진정한 잘못이다 - 논어)

　필자는 한국인이니 인간과 자연이 직면한 환경문제 외에 지정학적으로 고립되어 있는 한국에 대해서도 한 번 살펴보고자 한다.

　欲知未來先察已然(욕지미래선찰이연), 즉 미래를 알고 싶으면 과거를 돌아보라는 말이 있다. 이것은 역사는 반복된다는 관점에서 언급한 말일 것이다. 제1, 2차 세계대전을 통해서 우리는 극단적인 국수, 극우, 전체주의와 그로 인한 보호무역이 결국 파국적인 전쟁으로 치달았음을 보아왔다. 심히 우려되는 부분은 현재 전 세계가 글로벌라이제이션(Globalization)의 반작용으로 급격히 우경화되어 가고 있고 미국을 중심으로 보호주의가 다시 점화되고 있으며 중국, 러시아가 미국의 패권에 도전하여 맞서고 있는 이 시점이 묘하게 세계대전의 비극적 상황으로 치닫고 있는 불길함을 떨쳐버릴 수가 없다. 또한 그 불행의 씨앗이 잉태될 수 있는 발원지가 한반도가 될 가능성이 가장 유력하다는 것이 한반도에 살고 있는 한 사람으로서 우려를 넘어 안타까운 현실이다.

　마치 대륙과 바다가 만나는 불의고리처럼 힘과 힘의 대치점이 되는 지구상 몇 군데 화약고(이스라엘과 인접국가, 우크라이나 러시아 접경, 이란, 남중국해와 대만, 한반도 등) 중 단연 가장 긴장이 높은 곳 중 하나이고 지정학적으로 봐도 세계 4강(미국, 중국, 일본, 러시아)의 세력이 육지와 바다로 인접해 있으니 당연한 결과일 수밖에 없다. 그러나 다른 한편으로는 이러한 시련은 반대로 한반도에 사는 사람들을 강인하게 조련(調練)시켰고 많은 위기 속에 오히려 도약의 기회를 도출(導出)하기도 하였다.

이제 다시금 분단된 한반도에 북한의 핵무기와 탄도미사일 실험으로 절체절명의 위기 앞에 서있다. 이 위기를 벗어나고 전화위복의 계기로 만들기 위해서는 과거와 현재의 우리 모습과 당시 환경을 곱씹어 조명할 필요가 있다.

대양을 마주하는 아주 큰 산맥이나 산과 산이 만나는 계곡에는 큰 눈비와 풍파가 끊임이 없다. 이는 사람의 잘못이 아니라 지정학적 불가항력(不可抗力)이다.

조선 말기 마르크스와 니체가 활동하고 있던 비슷한 시기에 우리도 최제우 같은 철학자가 유교, 불교, 도교 그리고 천주교(서학) 등 그 당시 세상의 모든 철학적 학문을 두루 섭렵하여 국운의 쇠함을 자각하고 민중에 의한 자발적 개혁을 꿈꾸었으나 이미 외세가 너무 강성해져 버려서 때가 늦어 버렸음을 직감하고 이를 한탄했다고 한다.

이제 또 최제우와 같은 선각자나 혹은 백마(經國濟世: 경국제세)를 탄 초인이 너무 늦지 않게 나타나기만을 무작정 기다려야 되는 것일까? 아니면, 나라의 쇠운(衰運)이 지나 성운(盛運)이 도래하였으니 요행을 기대하며 더 크게 창성(昌盛)하기만을 기도해야 될 것인가?

어려운 난제이다. 다만, 백여 년 전과는 다르게 지금의 대한민국은 이러한 풍랑과 파도에 의해 휩쓸리고 다시 섞이기를 충분히 반복하여 경제와 군사력에 이어 이미 문화와 사상의 최대 최고치의 용광로(창조적 파괴)가 되었다. 역설적으로 이것이 가장 큰 에너지가 되어 활화산이 터지는 것처럼 포화되어 세계로 분출될 것이고 이미 그런 임박(臨迫)한 기운이 자연 속 순리처럼 분화구의 연기가 되어 뿜어져 나오고 있다. 모쪼록 멀지 않은 장래에 우리나라와 주위 열강들의 입장과 처지가 서로 바뀌어 한국이 세계의 리더 국가가 되기를 손 모아 기원해본다.

위에 조명된 추가적인 명제들로 볼 때 '자연정신'이란 쉽게 이해할 수만은 없는 꼬리에 꼬리를 무는 뫼비우스의 띠를 연상시키기도 한다. 이로 유추해 보건데 진정한 호모트루플니스(Homo Trutfulness)의 자세는 될 수 있으면 자연정신을 미시적 관점보다 좀 더 거시적 관점으로 넓혀서 관조해 나갈 필요성이 대두된다.

명상수행 또는 은둔 칩거를 통한 안분지족(安分知足)을 함으로써 또는 믿음과 기도를 통해서 개인의 마음에 안식처(평안함, 적멸[寂滅], 아파테이아 [apatheia], 아타락시아 [ataraxia])를 구할 수 있을지 모르나 인간은 완벽하지 않은 자연적인 존재이므로 결국 모든 것은 자연에서 관찰하여 지식을 구하고 이를 토대로 고찰한 철학적 사고와 끊임없는 과학적 검증으로 지혜를 모아야 한다. 이런 과정 속에서 보편타당한 지혜로 우리를 인도해 나갈 것이다.

인간의 역사는 위대한 참고서이나 공룡의 멸망은 다루고 있지 않다. 시간과 공간을 포함한 자연 정신은 우리 인류를 또 다른 공룡

이 되게 할 것인지 우주의 또 다른 오아시스로 인도할 지 미지로 남겨 두고 있다.

　정리를 하면, 이미 전반적으로 화두가 된 바와 같이 선악이 전제되지 않는 자연정신이 필자가 전제하는 바이다. 인간의 철학이 역설적으로 자연과 별개로 삼음으로써 수많은 오류와 착각을 일으켰다고 본다. 내가 말하는 자연과 인간은 "똑같다"라는 것을 의미하는 것은 아니다. 마치 아버지와 아들이 어머니와 딸이 똑같지 않은 것과 같은 것이다. 다만, "다르지 않다"라고 표현한다면 조금 더 가깝게 이해할 수 있을 듯하다.

　셸링도 "자연은 눈에 보이는 정신이요, 정신은 눈에 보이지 않는 자연이다"라고 말하였다. 이 표현은 인간의 정신이라는 것도 자연에서 생겨났으며 신이 밖으로 드러난 것이 이른바 세계라는 뜻이다. 그러니 자연과 정신은 궁극적으로는 일치한다고 볼 수 있다.

　따라서 우리가 무엇인가를 사유하거나 고려해야 한다면 모든 자연적인 요소를 최대한 참작해야 된다. 예를 들어 "모든 일은 마음먹기에 달렸다"라는 말이나 "난 무슨 일을 해도 재수가 없어"라는 말을 자주 쓰곤 한다. 이런 말들은 사실 너무 확증편향적으로 인식하다 보니 사실이 아님에도 믿게 되고 또는 신념(도그마)화하기도 한다 아니면 어떤 이들은 목적을 위해 의식화하기도 한다. 정신을 가다듬기 위해서 쓰는 말이라면 틀렸다고 볼 수 없지만 어떠한 일이 생길 때 우리가 고려해야 될 일은 단지 인간이 편의적으로 정의한 재수, 운 또는 마음에 의해서만 생성되거나 결정되는 것이 아니다. 어떠한 일이나 사건이 발생할 수 있었던 자연적 개연성을 모두 포함시켜야 한다. 예를 들면, 주위의 환경, 날씨, 몸의 건강 상태, 정신적 상태, 나와 타인 또는 다른 이들과의 연계성… 이외에 시대와 시운(時運)을 포함하여 자연 속에서 일어날 수 있는 모든 조건들이 다 함께 채워져야만 그 하나의 일이나 사건이 이루어지는 것이다.

다시 말하면, 우리 인간은 안타깝게도 여태껏 거의 모든 철학적 사고를 편협되게 너무도 인간적인 관점에서 인간이 원천적으로 선한 존재이냐 악한 존재이냐에 몰입되어 옥신각신해 왔었다.

니체 역시 이러한 선과 악의 이분법이 무의미하게 보고 사유 끝에 "영원회귀" 사상을 도출함으로써 필자와 비슷한 느낌을 느꼈을지 모른다. 사실 조금만 고개를 돌려 자연을 살펴보면 이런 이분적인 가치 구분은 큰 의미가 없음을 알 수 있을 것이다. 마치 공기와 물이 원래부터 선한 것인지 악한 것인지를 따지는 것과 비슷하다고 말할 수도 있겠다.

이와 관련하여 또 한 번 개인적으로 경탄했던 스피노자의 사유를 아래에 인용해 본다.

"이미 보편적인 선이란 존재할 수 없으며 선과 악은 실재적 존재가 아니라 이성, 메타 윤리의 존재들이다. 모든 사물들은 필연적이며, 자연 안에는 선과 악도 없다."

이쯤 되면 스피노자도 노자의 제자나 후예가 아닌가 의심이 들 정도이다. 농담 반으로 얘기했지만 아마도 "자연이 곧 신이다"라는 깨달음이나 또는 어떠한 정신적 힘을 느꼈다면 필자가 여기에 기재하듯 노자, 스피노자 또는 헤겔, 니체, 셸링 등과 같이 비슷한 사유의 교집합을 도출하고 공유할 수 있으리라 본다.

마지막으로 쾌락을 추구했던 에피쿠로스와 대척점에 있었던 스토아 학파의 한 철학자의 글들을 공유해 보고자 한다.

필자는 행복은 쾌락에서 발생한다는 주장을 합리적이고 과학적(심리학) 인식으로 받아들이고 있으며 자연정신의 발현인 이성을 따라 덕을 행함으로써 정신적 쾌락으로 말미암아 더 행복해질 수 있다는 스토아 철학자들의 논리도 일리가 있다고 본다. 동시에 불교나 쇼펜하우어가 얘기하는 것처럼 인생은 고해(苦海)이고 쾌락이나 행복은 고통의 부재(不在)에 지나지 않는다는 주장도 아주 틀렸다고 볼 수도 없다. 이들 모두 자연정신의 한 모서리나 부분만을 더듬고 있었으리라 유추해 본다.

단, 스토아 철학자들이 자연과 일치되고 순응하는 삶을 살려고 노력했었고 이는 노자의 무위자연(無爲自然) 사상과도 일견 일치되는 부분이 많은 듯하여 아래에 기재해 보았다.

키케로(데코룸[Decorum, 적절, 중용]적 의무론), 세네카(네로의 스승)와 더불어 스토아 철학의 충실한 계승자인 마르쿠스 아우렐리우스 역시 자연이 준 이성에 부합하여 괴로움이나 분노를 조절하고 인간을 정의와 절제, 자유로 이끄는 것을 선으로 여겼고 자연의 순리에 따라 사는 것이 행복의 본성이라고 스스로에게 다짐하듯 밝힌 바 있다. 물론 그가 수신(修身)으로 삼았고 인류의 훌륭한 유산인 명상록에 대해 문제점을 제기하는 것은 아니며 인식의 또 다른 접근으로서 다르게 보면 분노라고 해서 불의에 대한 노여움이 나쁘다고 볼 수도 없고 정의와 선에 대한 의미도 각자 생각하기 나름일 수 있으므로 이 이성이 자연으로부터 인간에게 부여된 것은 맞겠지만 자연의 순리와 인간의 순리가 전혀 이질적인 것인지에 대한 제기인 것이다.

그럼에도 인생과 진리에 대해 끊임없이 고민하고 수신(修身)하고자 노력했던 그의 흔적은 명상록에 잘 새겨져 전해오고 있다. 그중 필자가 추린 글귀를 일부 기재해 보았다.

"우주 만물의 진리는 모호함 속에 숨어 있다. 하지만, 만물은 신의 섭리로 충만하다. 심지어 운명과 우연의 변화조차도 자연의 법칙에 해당한다. 우리 주위에서 일어나는 모든 일과 사물에는 반드시 필연이 존재하며, 그것은 우주의 섭리와 연계되어 있다. 당신 또한 그 우주의 일부분이다."

"또 정해진 모든 운명이 자신과 같은 원천에서 나온 것임을 자각하고, 무엇보다 모든 생물이 그 구성 분자로 환원하는 것에 불과한 죽음마저도 인정하고 받아들일 수 있어야 한다. 죽음은 각 생물을 구성하는 원소의 분해 작용이다. 그것은 자연의 한 현상이고, 자연에 종속되어 있는 것이므로 두려움 없이 받아들여야 한다."

"처음, 당신을 생성한 자연으로 되돌아가지 않으면 안 된다. 아니, 오히려 다시 한 번 변화를 거쳐 우주의 창조적 이성 속으로 귀속해야 한다."

"나의 각 부분은 변화를 통해 우주로 환원될 것이며, 그것이 또다시 변화를 거쳐 우주의 다른 부분이 되고, 그런 식으로 영원히 계속될 것이다."

"오 우주여! 당신과 조화를 이루는 모든 것이 나와도 조화를 이루노라. 그대에게 알맞은 것이라면 나에게도 너무 이르거나 너무 늦지 않다."

"그러므로 다음의 두 가지를 명심해야 한다.

첫째, 영원에서 전해지는 만물은 윤회(輪廻)를 거듭하는 것이어서 설사 당신이 그 순환을 100년, 200년, 아니 무한한 세월을 두고 봐도 아무런 차이가 없다.

　둘째, 가장 오래 산 사람이나 태어나자마자 죽은 사람이나 죽는다는 사실에는 변함이 없다. 왜냐하면 인간이 상실할 수 있는 것은 현재 뿐이기 때문이다. 소유하지도 않는 것을 잃는 사람은 아무도 없다.”

　“그렇다면 이 무기력한 인간을 깨우치고 인도할 힘은 과연 어디에 있는가? 그것은 오직 하나, 바로 철학이다.”

　상기 스토아 철학과 전혀 어울릴 것 같지 않은 종교 철학자가 있다. 그는 이런 말을 유언으로 남겼다.

　나 자신에게 비춰진 나는 바닷가에서 놀고 있는 소년일 뿐이다.

　거대한 진리의 바다는 아무것도 가르쳐 주지 않으며, 내 앞에 펼쳐져 있을 뿐이다.

　나는 바닷가에서 놀다가 가끔씩 자그마한 돌과 예쁜 조개를 찾으며 즐거워했을 뿐이다.

　그의 이름은 아이작 뉴턴이다.

자연철학 vs. 자연정신

자연철학

사변적(형이상학, 관념론 등) 고찰을 통해 자연을 종합적, 본질적으로 해석해 설명하려고 하는 철학을 말한다. 과학철학이 그 인식론적 방법론적인 문제나 목적 그리고 과정에 주안점을 둔다면 자연철학은 보다 본질적인 자연 자체에 대한 탐구를 하는 데 집중하는 철학이다.

자연정신

자연과 인간 사이에 공통적, 통합적으로 내재되어져 있는 근원적 원리. 범신론적 인식 체계에 근간을 두고 있다. 자연철학이 자연의 원리와 보편적 진리를 주로 관찰자적 입장에서 바라본다면 자연정신은 자연(우주)과 인간을 구분하기보다 관조적 입장에서 통찰함으로써 실체적 진리에 가까이 가려고 하는 시도나 근원적 원리(섭리, 기원, 원동자) 그 자체를 함의한다.

노자의 후예들

행운몽(行雲夢)

사실이란 자연이요, 도(道)요, 기(氣)요, 변화 자체이다.

노자는 물을 보고 깨달음이 있어 상선약수(上善若水)라 하였다.

스피노자는 한 그루의 사과나무를 심으면서

헤겔은 말을 탄 세계정신을 보고

장자는 나비의 꿈에서 깨어나서

다윈은 생명은 끊임없이 진화함을 알게 된 후

뉴턴은 사과가 나무에서 떨어지는 힘을 파악한 후

니체는 끊임없이 변화는 모든 존재를 느끼면서

아리스토텔레스는 인간의 내면에 이성이 내재되어 있음을

제논은 우주의 이성인 로고스를 발견하고

루소는 인간이 자연성을 간직하길 바라며

셸링은 자연과 정신이 실제로는 같음을 깨닫고

베르그송이 생명의 창조적 진화로서 엘랑비탈(élan vital) 느끼면서

우주의 흐름은 기(氣)의 생성과 소멸이라 일컫던 실학자들과

최제우가 무위이화(無爲而化)의 도를 설파할 때

그 모든 노자의 후예들은 각자의 방식대로

이 사실을 터득하려 분투하여 왔으며

앞으로도 그럴 것이다.

03

기타 철학법칙의 정반합 순환

: '집단적 성악설'과
'만국의 만국에 대한 투쟁'

1. 유신론 vs. 무신론 vs. 유일신 vs. 모름(알 수 없음)

① 유신론적 사유

아낙시만드로스, 노자, 공자, 묵자, 소크라테스, 플라톤, 아리스토텔레스, 맹자, 장자, 순자, 주자, 데카르트, 스피노자, 로크, 라이마루스, 헤겔, 셸링, 야스퍼스 등

② 무신론적 사유

엠페도클래스, 데모크리토스, 에피쿠로스, 베이컨, 라메트리, 포이어바흐, 마르크스, 니체, 샤르트르 등

③ 유일신적 사유

크세노파세스, 예수, 아우구스티누스, 무함마드(마호메트), 토마스 아퀴나스, 키르케고르 등

④ 모름(알 수 없음)

파르메니데스, 칸트

2. 성선설 vs. 성악설 vs. 성무선악설

① 성선설적 사유

공자, 맹자, 주자, 로크, 루소 등

② 성악설적 사유

순자, 한비자, 예수, 아우구스티누스, 토마스 아퀴나스, 마키아벨리, 홉스 등

③ 성무선악설(性無善惡說)

노자, 고자, 로크, 제임스 등

3. 관념론 vs. 경험론 vs. 관념 & 경험 융합론

① 관념론적(이성 중시) 사유

플라톤, 토마스 아퀴나스, 데카르트, 스피노자, 헤겔, 셸링 등

② 경험론적(실증 중시) 사유

묵자, 베이컨, 홉스, 로크, 제임스, 듀이, 비트겐슈타인 등

③ 관념 & 경험 융합론적 사유

아리스토텔레스, 칸트, 야스퍼스 등

4. 쾌락주의 vs. 금욕주의 vs. 염세(회의, 허무)론

① 쾌락주의적 사유

데모크리토스, 아리스티포스, 고자, 에피쿠로스, 벤담, 존.S. 밀 등

② 금욕주의적 사유

석가모니, 공자, 소크라테스, 플라톤, 제논, 예수, 아우구스티누스, 토마스 아퀴나스 등

③ 염세(회의, 허무)론적 사유

고르기아스, 피론, 쇼펜하우어, 비트겐슈타인, 샤르트르 등

5. 진리론 vs. 무지론 vs. 영혼(윤회)설 vs. 유물론

① 진리론적 사유

탈레스, 아낙시만드로스, 노자, 공자, 헤라클레이토스, 아낙사고라스, 엠페도클래스, 플라톤, 아리스토텔레스, 맹자, 고자, 장자, 제논, 데카르트, 스피노자, 로크, 라이프니츠, 칸트, 헤

겔, 셸링 등

② 무지론적 사유

파르메니데스, 프로타고라스, 고르기아스, 피론, 비트겐슈타인 등

③ 영혼(윤회)설

피타고라스, 석가모니, 플라톤, 마르쿠스아우렐리우스, 니체 등

④ 유물론

라메트리, 마르크스, 샤르트르 등

6. 도덕(왕도)정치 vs. 법치(군주)정치 vs. 민주(공화[共和], 과두[寡頭])정치

① 도덕(왕도)정치 주장

공자, 플라톤, 맹자, 주자 등

② 법치(절대군주)정치 주장

순자, 한비자, 토마스 아퀴나스, 마키아벨리, 홉스 등

③ 민주(공화/과두)정치 주장

페리클래스, 아리스토텔레스, 로크, 루소 등

※ 상기 철학 사조의 순환 과정(시대별) 정리는 이 책의 마지막 단에 있는 부록(분류를 통한 철학 사조 정리)을 근거로 하여 요약 정리한 것입니다. 더 자세한 부분은 부록을 참조하여 주기 바랍니다.

상기에서 살펴본 대로 역사에 기록되어 알 수 있는 철학자들은 고대부터 근대까지 그리고 동양과 서양에서 거의 비슷한 시간에 비슷한 사유로부터 시작하여 지속적으로 주장과 반박 그리고 그에 대한 재반박이 동서고금(東西古今)을 통해 재현되고 있음을 알 수 있다.

여기에 모호함과 혼란이 깃들게 되고 대부분의 사람들이 철학에 실망해서 염증을 느끼거나 아예 무의미한 논쟁이라며 무시해 버리고 회의론적으로 치부되기 일쑤다.

이는 철학이 사유이기 때문이다. 즉, 수많은 사유들이 발현되고 정립되어 가는 동안에 또 다른 사유들이 나와서 그에 대한 의문을 제기하고 그러는 동안에 또 다른 고찰과 방법으로 새로운 길을 모색해 보지만 그 길 또한 이미 예전에 누군가가 걸어갔던 길에 포장을 다시하고 좀 더 꾸미거나 확장을 한 케이스가 대부분이다.

물론, 우리는 철학을 포기할 수 없다. 그것은 생각이 없는 저지능 동물로 퇴화를 해 나가는 것을 의미하기 때문이다.

또한, 철학이 존재했기 때문에 인간이 지구라는 자연속에서 유리한 생태계의 우위를 차지함과 동시에 과학과 물질문명을 발전시켜 진보해 왔음은 부정할 수 없다.

다만, 사유는 정답이 있다기보다는 다양함 속에서 최선의 방안을 도출해 나가는 데 그 의의가 있을 것이다.

상기에 정리해 둔 사유의 정반합(변증법적) 순환 속에 2)번과 4)번 그리고 6번) 세 가지 예와 추가로 경제와 관련된 인식의 순환도 예시하여 유구한 역사 속 철학의 흐름을 살펴보고자 한다.

3-1. '성선설 vs. 성악설 vs. 성무선악설'의 순환

우선, 성선과 성악설 주장부터 보면, 처음 인류라는 종족이 출현하고 사유라는 것이 생겼을 때는 아마도 가족이 가까운 친척으로 이루어진 씨족 간에 공동 사냥이나 육아를 해야만 했기 때문에 유대 관계가 지금보다 오히려 더 끈끈했을 것이라 미루어 짐작할 수 있다. 당연히 서로를 믿고 의지하는 사이이니 그다지 의식하지는 않았겠지만 기본적으로 성선설을 가지고 있었으리라 본다.

그러다 씨족이 많아지고 부족이나 작은 국가 등이 형성되고 자연의 이치에 따라 부족 간에 경쟁과 전쟁이 발생하게 되니 씨족 간 또는 부족 간 반목을 넘어서 서로 죽고 죽이는 비정함이 생겨나게 되었다. 그로 인해, 인간 스스로에 대한 부정적인 인식이 싹트게 되었고 이는 성악설의 태동을 의미하기도 한다.

철학적 학문으로서 이에 대한 구체적인 제기를 한 이들은 모두가 주지하다시피 중국 춘추전국시대 맹자와 순자였다. 물론 맹자는 성선설이고 순자는 성악설이다.

이후 먼저 대세를 잡은 건 한비자와 이사가 성악설을 모티브로 한 강력한 법가 사상으로 중국을 최초로 통일하면서 성악설이 주류가 되었다. 하지만 이는 오래 가지 않았고 곧 유방이 성선설을 기본 틀로 하는 유가를 통치이념으로 한(漢)나라를 세우니 이후 동양은 근대로 접어들며 서양의 열강들이 압도적 신식 무기를 이끌고 쳐들어오기 이전까지 이 유가의 성선설이 주류가 되어 백성을 통치하여 왔다.

이와 대조적으로 서양에서는 유일신 사상을 견지하는 종교인 유대교와 기독교 등이 출현하면서 인간은 원래부터 죄를 짓고 이 땅에 나온 성악설을 믿게 되었다.

이는 국가와 사회를 통치하는 데 있어서 좀 더 억압적이고 강압적인 희생과 복종을 강요하는 데 요긴하게 쓰였다.

사실 마키아벨리즘이나 홉스의 사회계약설(리바이어던)이 나오기 전까지 성악설은 원시적 단계에서 막연히 종교적 국가의 통치 이념에 불과하였다. 하지만 이들 주장들이 나오면서 인간의 근본적인 악함을 잘 이용하여 절대군주나 통치자의 목적을 실현하고 법에 의한 사회계약을 이루어 나갈 수 있는 근대적인 통치 개념들이 나오기 시작하였다(이후, 로크와 루소 등에 의해 성선설적 개념을 기반으로 한 천부인권 개념을 정치영역으로 접목시킴).

상기까지 단순히 성선과 성악 이분법으로 나누어서 통치와 정치적 관점에서 보면 결과론적으로 동양의 성선설(순천[順天]적 사고) 보다 서양의 성악설(역천[逆天]적 사고)이 좀 더 사회의 발전을 도출하기에는 유리해 보이는 게 사실이다.

순환적인 철학 사유를 정반합(正反合)으로 본다면 정(正)이 성선설이고 반(反)이 성악설이고 다음 합(合)이 성무선악설(性無善惡說)로 귀결될 수 있을 것이다. 하지만, 성무선악설이 이미 언어와 역사로 표기되어 알 수 있는 시기부터 주장되어 왔던 걸 보면 이미 유사 이전 오래전부터 이러한 사유는 지속 순환되어 가며 진행되어 왔음을 알 수 있다.

필자가 여기서 좀 더 한 가지 더 짚어 보고 싶은 철학적 관점이 있다. 그것은 니부어의 집단이기주의 주장인데 나는 이것을 '집단적 성악설'로도 칭할 수 있다고 본다.

그의 주장에 따르면 개인의 도덕(윤리)과 집단의 도덕(윤리)은 다르며 도덕적인 사람도 집단의 이익에는 비도덕적으로 변할 수 있다고 한다. 이는 실제로 세계 곳곳에서 일어나고 있는 님비 현상이나 국가 간의 이기주의를 보면 쉽게 파악되는 논리이다.

그렇다면 집단 특히 국가는 약육강식과 투쟁의 자연정신에만 충실한 존재인가? 만약 그러하다면 이 문제를 조율해 나가기 위한 중재자나 심판자로서 현재의 UN은 대안이 될 수 있는 것인가?

세계 각국의 민주 지도자들은 선거로 뽑히기 전에는 모두 보편타당한 인류애를 가진 훌륭한 인격의 소유자로 보였다. 하지만 그들도 하나같이 국가의 수장이 되면 독재 국가와 마찬가지로 자국 우선주의로 돌아서서 자신들의 숭고한 철학에 반하는 행동들을 스스럼없이 밀어붙인다. 이것이 정상적이고 정의로운 것인가?

세계에 절대적인 영향력을 미치면서 현시대의 경찰국가이자 민주주의의 모범국이라 스스로 자부하는 미국의 대통령들을 뉴스로 지켜보면서 더욱 실감할 수도 있을 것이다.

미국은 유럽인들에게 있어서 일종의 세렌디피티(Serendipity: 운 좋은 발견)로서 기회의 땅이었지만 원주민이었던 아메리카 인디언에게 매니페스트 데스티니(Manifest Destiny: 명백한 운명)를 강요하며 팽창해 나감으로서 결국 오늘날 전 세계를 호령하는 패권국가로 도약(跳躍)할 수 있었다.

돌이켜보면, 마키아벨리는 이미 국가 간에는 목적 달성을 위해 도덕, 윤리, 종교 등도 수단으로 쓰일 뿐이지 선악을 구분할 필요가 없다고 한 것은 집단(국가 포함)적 성악설에 기반을 둔 생각이었다.

영원한 적도 영원한 우방도 없는 냉혹한 국제질서 속에 나라와 나라 사이에는 경쟁과 불평등이 더 강하게 영향을 미치는 자연상태의 힘이 주도하기 때문이리라.

國無常强無常弱 국무상강무상약
영원히 강한나라도, 영원히 약한 나라도 없다. ─ 한비자

國無常友無常敵 국무상우무상적
영원한 우방도, 영원한 적국도 없다. ─ 자작(行雲夢)

상기는 한비자의 유명한 글이자 시(上)에 자작시(下)를 곁들여 취지(趣旨)에 맞게 추가해 보았다.

비단, 국가 간에만 이러한 집단적성악설이 이기주의가 존재하는 것은 아니다. 우리가 뉴스에서 매일 접하는 정치에서도 정단간에 또는 보수주의와 진보주의들 간에 또는 각종 이익 집단들과 심지어는 스포츠 경기 중에도 이러한 현상은 쉽게 찾아볼 수 있다.

역사적으로 가장 유명한 예로서 '드레퓌스'라는 무고한 사람에게 누명을 씌워서 반(反)유대주의 여론과 언론 그리고 재판관과 배심원들까지 잘못된 공권력을 휘둘러 댄 사건이 있는데 이러한 유사 형태의 집단주의적 배타적(排他的) 이기주의는 전 세계 어디에서든 종종 되풀이되고 있다. 마치 기독교를 지키기 위해 모여든 십자군이라는 거대한 집단의 힘이 오히려 같은 기독교의 성지인 콘스탄티노폴리스를 철저히 약탈하고 파괴한 것처럼 말이다. 이처럼 도덕적 선은 집단의 이익(유익)에 언제든 쉽게 돌변해 왔다.

앞으로의 철학은 '집단적 성악설'의 사유에 대해 좀 더 고민해 봐

야 되지 않을까 싶다. 즉, 국가와 집단의 윤리 그리고 이를 뒷받침할 수 있는 논리 등 그렇지 않으면 아인슈타인의 말처럼 제3차 세계대전이 끝나고 다시 돌도끼를 사용해야 될지도 모르니까 말이다.

3-2. '쾌락주의 vs. 금욕주의 vs. 염세(회의, 허무)론'의 순환

다음으로 쾌락, 금욕 그리고 '염세허무주의' 사유의 흐름을 살펴보고자 한다.

이 사유는 개인의 진정한 행복을 어디서 찾을 수 있는지에 대한 질문에서부터 시작되었다. 또한 이에 대한 적절한 해답을 찾지 못하였다고 판단되면 염세나 허무주의로 빠져 드는 듯하다. 사실 물질문명이 발전된 21세기에 인간 개인의 행복이 가장 중시되는 경향이라 요즘 이 철학적 심리학적 의제(Agenda)가 가장 부상하는 이슈이다.

가장 먼저 인간의 쾌락에 대해 고민했던 철학자는 데모크리토스였다. 그는 사후세계를 부정했고 자연과학적 사고방식을 철학에 접목할 만큼 진보적이었다. 예를 들어 원자이론을 도입해 모든 존재자 안에 들어 있는 기계적 법칙성을 이끌어 내려고 시도하였다.

이런 혁신성으로 인해 이후 본격적인 쾌락주의인 에피쿠로스뿐만 아니라 중세 이전 대부분의 철학자들에게 영향을 끼쳤다. 심지어 에피쿠로스와 대척점에 서 있던 금욕주의인 스토아학파의 철학자들도 그에 주장에 대해 심도 있게 관찰하고 이를 반박하기 위해 많은 노력을 기울였던 것으로 보인다.

우리가 쉽게 착각하는 것 중에 하나가 쾌락주의 하면 육체적이고 말초적인 쾌락을 의미하겠거니 생각하기 쉽지만 대부분의 쾌락주의는 사실 짧고 후유증을 남기는 육체적 쾌락보다는 오랫동안 지속 가능한 정신적 쾌락을 더 중시하였다. 쾌락이나 행복을 위해서는 도덕도 목적이 되어서는 안 되고 이를 이루기 위한 수단이 되어야 한다고 주장하였다.

신기하게도 거의 비슷한 시기에 동양의 고자도 정신적 지속적 쾌락주의와 성무선악설(性無善惡說)을 얘기하고 있었다.

이 쾌락주의는 이후 시간이 흘러 18세기에 이르러 벤담이 최대 다수의 최대행복이라는 슬로건으로 내세운 '공중적 쾌락주의'로 진화 발전되어 전개되었다.

이에 반해 금욕주의는 크게 보아 석가모니로부터 시작하여 참을 인(忍)을 강조하는 유가(儒家) 그리고 대부분의 주요 종교 지도자들이나 소위 성인들이라 불리는 이들에 의해 많이 주창되었다. 사실상 우리 인류의 윤리 도덕은 이러한 금욕주의의 산물일 수 있다.

하지만 소위 금욕주의라는 철학사조를 든다면 스토아학파가 쾌락주의의 에피쿠로스의 대척점에 위치한다.

그들은 이성(로고스)을 중시하였고 자연과 일치되고 순응하는 삶을 최선의 덕으로 여겼다. 또한 행복은 쾌락에서 나오는 것이 아니라 인간의 본성이 이성이기에 이에 따라 덕을 행함으로써 행복을 발견하고 추구할 수 있다고 주장하였고 이런 기조는 대부분의 성인 성현들의 저변에 깔려 있는 기조가 되어 왔다.

이 또한 순환하는 철학 사유를 정반합(正反合)으로 나누어 보면 금욕주의가 먼저 나온 것으로 보이니 정(正)이 되고 이에 맞서 쾌락주의가 반(反)이 될 것이며 '염세허무주의'를 합(合)으로 간주할 수도 있을 것이다.

회의주의는 사실 소피스트에 의해 불가지론(不可知論)이 횡행하면서부터 시작되었다. 철학자로서 인간의 무지함을 깨닫고 윤리와 쾌락을 포함한 인간의 지식에 대해 모두 회의(懷疑)를 품게 되니 무력함에 빠지지 않을 수 없었다. 곧바로 이를 잇는 회의(懷疑)학파가 등장하였고 "지식이란 사물과 우리 안의 주관과의 관계에 불과하며 세상에 객관적 정의는 없다"라고 한층 강력하게 주장하였다.

이후 18세기에 염세주의의 대표자인 쇼펜하우어가 등장하면서 허무주의와 염세주의의 대명사가 되어 버렸다. 하지만 사실 그는 동양(인도) 철학인 불교에 심취해 있었고 헤겔의 관념론(절대정신)에 엄청난 거부감을 가지고 있었기 때문에 그의 모든 파격적인 언행들이 기존 주류에 반하는 듯한 모습을 취하고 있었다.

그는 쾌락이나 행복은 고통의 부재(不在)에 지나지 않으며 인생을 고해(苦海)로 보는 불교적 해탈과 열반 강조함과 동시에 인간은 논리적 사유(관념) 외에 맹목적 의지의 충동을 받는다는 것을 강조하였다.

쇼펜하우어에 영향을 많이 받은 대표적인 철학자가 니체이다. 그도 쇼펜하우이민큼 이니 더 넘어서는 파격과 기존 서양 질서에 대한 반항에 가까운 비판과 부정으로 일관하였다.

니체는 아예 "신은 죽었다"라고 하며 기독교신을 부정함으로부터 시작하여 종교를 기반으로 하는 기존 노예 도덕(평등, 수평)을 과감히 버리고 영겁회귀 등 불교 사상을 도입하고 세계의 모든 과정은 힘(자연적 약육강식의 원칙이 인간에게도 적용)에서 나온 것이므로 이것(힘[권력]에의 의지)을 당연한 것으로 받아들여 오히려 '운명에 대한 사랑(아모르파티)'으로 승화 시킬때 '초인(위버멘쉬)'이 될 수 있다고 말하였다.

여기서 '운명에 대한 사랑(아모르파티)'을 주장함으로써 쇼펜하우어와 차별점을 두었다. 즉, 운명에 맞서 분연히 일어날 것을 강조하였기 때문에 그의 비판적 회의론적 표명에도 불구하고 그를 염세주의의 범주에 넣지 못했다.

이외 19세기 들어서 논리 실증주의나 실존주의 등이 나와서 철학(형이상학) 무용론이나 유물론적 사관이 팽배해지며 사람들의 위선과 존재의 무의미를 내세우는 움직임들이 많이 나타나게 되었다.

3-3. '도덕(왕도)정치 vs. 법치(군주)정치 vs. 민주(공화[共和], 과두[寡頭])정치' 의 순환

세 번째로 도덕(왕도)정치 vs. 법치(군주)정치 vs. 민주(공화[共和], 과두[寡頭])정치 사상에 대한 사유의 흐름과 순환을 살펴보겠다.

정치야 말로 사람들이 사람답게 생활을 영위해 나갈 수 있도록 실생활에 반영된 철학의 구현이다. 그러므로 가장 현실적이고 중요한 사유의 움직임이다.

인간은 다른 짐승들처럼 자연상태에 놓인 것이 아니라 싫든 좋든 간에 관계없이 대부분 시민사회에 소속되어 있다. 바로 이 고도로 발전된 복잡한 시민사회를 유지하고 움직이기 위해 정치가 필요악처럼 요구되어 왔고 인류가 씨족사회를 형성하기 시작한 때부터 이미 정치는 시작되었다. 필자가 보는 관점에서 인류가 사회를 이루는데 가장 큰 영향을 미친 몇 가지 사건들을 언급하면 아래와 같다.

우선 고대 사회에서는 불, 언어, 농경 세 가지를 들고 싶다. 뿔뿔이 수렵생활을 하던 인류가 정착을 할 수 있게 도와준 것들이 당연시되어 별거 아니라고 생각할 수 있는 가장 기초적인 불과 언어(말과 문자)의 사용이었고 농경이 시작되면서 이를 크게 확대 강화 시켰다.

그리고 근대에 접어들며 정치적 사상을 활발히 전개해 나갈 수 있게 가장 크게 견인한 다섯 가지를 든다면 르네상스, 종교개혁 그리고 화약, 나침반, 인쇄술의 발달을 들고 싶다. 이는 비단, 정치 영역뿐 아니라 과학, 예술, 경제, 의료, 철학 등 사회 전반 모두에게 해당되며 필자뿐만 아니라 많은 대다수의 학자들이 지적하고 있는 부분이기도 하다.

　이런 역사적 대변혁에 의해 인간의 사유는 종교에 국한된 편협한 사고에서 벗어나 자유롭게 인간의 기본권과 이해 충돌이 발생할 시 중재를 할 수 있는 가장 효율적인 통제 방식이 무엇인지를 찾아 본격적인 논의를 하게 되었고 오늘날 여러 국가에서 다양한 방식으로 이를 구현하고 있다. 다만, 아직도 완벽하게 흠 없는 정치체제를 내놓은 국가는 없으며 그나마 가장 단점이 적고 장점이 많은 체제가 무엇인지 서로 각축을 하고 있는 단계로 보아야 될 것이다.

　필자는 이를 '만국의 만국에 대한 투쟁'으로 일컬어 칭해 본다. 홉스의 '만인의 만인에 대한 투쟁'에서 착안한 것으로서 국가가 있어 개인 간의 권리와 분쟁을 조율해 줄 수 있다면 국가 간의 권리와 분쟁은 어떤 식으로 풀어 나갈 수 있는지 이미 앞 전 주제에서 언급했지만 이에 대한 부재가 불안과 불확실성을 키워 나간다. 왜냐하면 현재까지는 유명무실하고 권한도 거의 없는 국제법 대신 실제 이해관계가 첨예하게 마주칠 때 힘의 논리가 적용되어 무역 마찰이나 제재, 극단적 봉쇄 그리고 종국에는 전쟁으로 치닫는 케이스가 대부분이기 때문이다.

　개인 간의 윤리를 정해 놓은 규칙은 아주 많이 있으며 동양과 서양이 일치하는 경우도 아주 많다. 예를 들면, 성경에서 "다른 사람이 네게 하기를 원치 않는 것을 너희도 다른 사람에게 행하지 말라"라는 계명이 있는데 유가(儒家)에서도 "己所不欲勿施於人(기소불욕물시어인)" 거의 똑같은 언명(言明)이 있다. 이러한 주장들이 영구불변의 진리이냐 아니냐를 떠나서 이로 볼 때 인간 개인에 대한 도덕과 윤리는 이미 어느 정도 보편적 이성에 의해 정해져 있는 것처럼 보이는 반면 국가 간에는 그러한 것이 있는지조차 가늠할 수 없다. 또한 각 국가들은 각국의 고유한 법과 질서로서 국민들을 보호하고 통치하고 있지만 국가들 간에는 뚜렷한 강제적인 법규가 없이 각국의 이해타산에 따라 이합집산 하거나 강국이 약소국을 힘으로 누르려는 태도로 일관하는 것이 냉혹한 현실이다.

그럼, 현 단계의 정치 수준으로 도달하기까지 사유의 흐름을 기재하여 보겠다.

정치철학도 순환하는 정반합(正反合)적인 관점에서 정(正)을 도덕(왕도)정치로 하여 시작해본다. 하지만 고대 그리스 로마 민주주의를 정(正)으로 두고 진행할 수도 있다. 이와 관련된 고정된 원칙은 없으며 편의상 사유의 흐름을 예시화하여 전개 및 설명하기 위함이다.

도덕(왕도) 정치는 동양의 유가(儒家)와 서양의 플라톤이 주장하던 이론이다.

공자와 맹자는 君君 臣臣 父父 子子(군군 신신 부부 자자) 즉, "군주가 군주답고, 신하가 신하답고, 아비가 아비답고, 자식이 자식다운 것이 곧 정치의 핵심이다"라고 주장하면서 군주(인자[仁者] 또는 성군[聖君])가 어질고 인의(仁義)로서 모범을 보이면 윗물이 아래로 흘러 자연스럽게 도덕적인 국가가 될 수 있다고 하였다. 다소 이상적이고 순진한 부족 공동체 적인 발상이지만 어쨌든 2천년이 넘는 기간 동안 동양 정치를 이끌어 온 핵심 정치사상이다.

서양에서는 공자보다 대략 백여 년 뒤에 플라톤이 '철인(哲人)정치'를 주창하고 나섰는데 이는 우민(愚民) 민주주의를 경계해서였다. 알다시피 고대 아테네는 이미 제한적(외국인, 노예, 여성 참정 제한)이긴 했지만 민주정치 체제가 자리 잡혀 활발히 시행되고 있었다. 하지만, 독재자 참주(僭主)의 출현을 막기 위해 도편추방제(陶片追放制)나 민회의 투표에 의한 사형 제도가 존재하고 있었고 그로 인해 신을 부정하고 젊은이들을 타락시켰다는 어이없는 죄목으로 스승인 소크라테스가 사형을 당하는 것을 목도(目睹)하고 민주정치에 대한 염증을 느끼지 않을 수 없었다.

따라서, 영원한 진리를 추구하는 절대적 지식의 소유자를 육성시켜 철인 정치를 시행함으로써 우매한 민중에 의해 많은 정치적 우(愚)를 범하는 폐단(弊端)을 줄이고 모두에게 최선이 될 수 있는 현명한 정치를 할 수 있다는 것이다.

언뜻 보면 공자와 플라톤 양자 간에 주장하는 부분이 여러모로 비슷한 점도 있다. 하지만 측은지심(惻隱之心)을 연상시키는 공자의 인자(仁者)와 절대적 지식과 정의를 강조한 플라톤의 철인(哲人)은 유사하지만 분명한 차이점이 있다.

다음, 정(正)에 대한 반(反)으로서 법치(절대군주)정치에 대한 사유(思惟)를 체크해 보겠다.

고대사에서 강한 법치의 실현과 절대군주에 의한 힘의 정치를 주창(主唱)한 사상가들은 중국 전국시대에 소위 법가(法家)라고 불리던 사람들이다.

상앙, 순자, 한비자, 이사 등은 법을 엄격하게 하고 준엄하게 이행함으로써 국민(백성)이 군주를 두렵게 여기고 이에 따라 군주가 강한 지배력을 형성해 나갈 수 있다고 보았다.

결국 이 사상으로 진시황에 의해 중국이 통일되는 데 절대적으로 기여를 하였지만 전쟁이 끝났는데도 너무나 가혹(苛政猛於虎[가정맹어호])한 정치가 계속되자 사람들이 염증을 느끼고 반대급부(反對給

付)로 상대적으로 온정주의(溫情主義) 사상인 유가 정치로 갈아타게
된다.

이와 대조적으로 유럽에서는 중세의 카톨릭 교리를 논리적으로
논증하기 위해 아리스토텔레스의 철학을 끌어 들였고 교황의 권위
를 강화 시키는 일환으로 군주제를 지지하고 나섰다.

이후 근대에 들어와 마키아벨리가 국가 간의 약육강식을 인정하
고 도덕보다는 힘의 원리로서 수단과 방법을 가리지 않는 현실적
절대군주 이론을 제안했다.

또한 홉스는 인간은 이기적인 존재임을 인정하고 사람들 간 자연
상태에서의 약육강식을 탈피하기 위해 법과 절대군주제 국가가 필
요하다고 역설하였다.

이런 사상들은 이후에 로크와 루소, 몽테스키외 등의 계몽주의에
엄청난 영향을 끼쳤고 유럽이 세계를 주도하게 되는 초석이 되었
다. 특히 홉스가 절대군주제를 지향했음에도 불구하고 그의 사회계
약 사상은 그들로 하여금 민주주의 정부를 수립할 수 있는 토대를
구축하는 시발자임에는 부인할 수 없다.

정(正)과 반(反)에 이은 합(合)으로서 이미 인류 최고의 정치사상
이 도출되어진 것처럼 회자되기도 하는 민주공화제이다. 즉 인류
최상의 정치 시스템은 민주정치이며 이 민주공화제를 실현하는 방
식으로서 대통령제, 내각제, 이원집정부제 때에 따라 입헌군주제
중 어느 것으로 채택하느냐 이지 민주 공화제로 가야 된다는 것은
이미 보편적 상식이 되었다. 심지어 계급투쟁과 공산당 일당 지배
체제를 사상적 배경으로 둔 공산주의나 부패한 독재국가의 리더들

도 자신들의 국가는 민주공화제로서 운영되고 있으며 국민들의 평화롭고 자유로운 투표로 인해 선출되어 권력을 행사하고 있다고 주장하고 있으니 상기의 어떤 철학적 사유보다 합(合)에 대한 명백한 믿음과 지지가 있는 사상이다.

다만, 민주주의 제도라고 해서 모든 것이 만사형통(萬事亨通)되고 단점이 없는 것은 아니다. 왕이 사라진 대신 언론과 여론이 대중을 선동하거나 이끌어 가기 때문이다.

아무리 비합리적이고 비도덕적인 일이 있더라도 그것이 대중의 이익에 맞아서 다수의 여론이 되어버린다면 결국 추진될 수밖에 없는 것이다. 그러는 가운데 약자나 소수의 의견은 완전히 무시되어 버리기도 한다.

이것이 소위 말하는 '다수의 횡포'인 것이다.

앞서 언급한 대로 편의상 정반합적인 사유의 흐름으로 표현하기 위함이기 때문에 현재의 민주주의 제도가 최종 종착점이 아니다. 향후로도 새로운 생각과 사유는 지속적으로 등장할 것이며 현재의 제도 자체도 수정 보완 발전 또는 완전히 새로운 철학으로 대체될 수도 있다. 중요한 것은 머물러 있지 않고 파도치듯 계속 순환한다는 원칙이다.

3-4. 경제와 관련된 인식의 순환

표식에는 따로 표기하고 있지 않지만 정치와 함께 우리 실생활에서 결코 뗄 수가 없는 경제의 흐름을 상기와 같은 기준으로 잠시 짚어 보면,

정(正) - 중상주의 이후 현대적인 자본주의 경제 개념이 등장하면서 애덤 스미스의 '보이지 않는 손'(자유방임주의)이 절대적 가치인양 보였다.

반(反) - 곧 미국의 대공황이 들이닥치면서 정부가 어느 정도 개입하지 않으면 '유효수요'가 발생하지 못하게 되는 악순환이 빚어졌고 이에 케인스의 수정자본주의와 뉴딜 정책이 대안으로 자리 잡게 되었다. 이후 케인스의 경제 사상은 전 세계 대부분의 국가에 영향을 주었으며 자본주의 사상을 수정 보완하면서 복지 국가의 개념을 만들어내는 데에도 큰 영향을 주었다.

합(合) - 하지만 이에 대한 반발로 20세기 말부터 현 21세기에 들어와서 애덤 스미스와 로크의 사유 재산권을 다시 강조하는 신자유주의가 등장하고 있는데 이는 1970년대 이후 장기불황의 문제를 해결하지 못한 케인스주의 경제정책의 무능력과 무리한 복지정책과 공공부문의 확대, 자본에 있어서 방만한 정부의 지나친 개입으로 초래되었다고 비판하며 생겨난 것이었다.

세계 경제의 흐름은 늘 상승과 하강을 반복하는 역동성을 가지고 있다. 뿐만 아니라, 자본주의 경제에서 어쩔 수 없이 파생하는 경제적 불평등에 반발하여 다분히 비현실적이고 부자연스러운 공산주

의가 등장하기도 했었고 이 두 가지 사상을 절충한 사회주의 경향의 경제 정책도 등장하고 있다. 마찬가지로, 미래에는 또 어떠한 경제 사상과 변화가 초래될지 잘 알 수 없다. 그러나 역동적으로 변화되어 갈 깃임은 아무도 부인할 수 없다.

04

자연의 섭리와
순환속의 공존

이상으로 철학도 대계의 경우 정반합의 패턴으로 흘러감을 살펴보았다.

향후로도 지금까지 그랬던 것처럼 수많은 자연과 과학의 변화 및 발전에 직면하게 될 것이다. 그러므로 더더욱 시행착오와 혼란을 덜 겪기 위해 순환되는 철학의 패턴을 간파하고 그 원리를 격물치지(格物致知)해야 현실에 실사구시(實事求是)하는 데 도움이 되리라 본다.

새삼 공자의 온고이지신(溫故而知新) 정신이 여기에도 부합하는 진리임을 강조해 본다.

우리는 농담으로 즐겨 득도(得道)를 했다는 표현을 쓸 때가 있다. 이 말은 도(道)를 터득했다는 말로 세상의 이치(理致)를 깨달았다는 말이다. 이미 살펴보았듯이 도가를 포함한 범신론자들은 세상의 이치를 자연에서 찾았다.

그리고 실존주의자들은 일상인으로 살아가는 평범한 인간이 다가올 죽음을 선취(先取)함으로써 현존재가 될 수 있다고 하였다.

동학의 창시자 최제우는 모든 자연이 존재하고 돌아가는 원리를 한울님 즉 하느님의 조화로 보고 득도(得道)하여 자신의 죽음 앞에서도 의연할 수 있었다.

최제우가 사형선고를 받고 감옥에 있는 자신을 구해주러 온 최시형에게 마지막으로 전한 유언이자 수훈을 아래와 같이 남겼는데 본인이 탈출할 수 있음에도 괘념치 않고 자신보다 제자들의 앞날을 걱정하고 성원해 주는 진정한 도인의 모습이 아닌가 싶다.

"燈明水上(등명수상) 無嫌隙(무혐극)
柱似枯形(주사고형) 力有餘(역유여)
吾 順受天命(오 순수천명)
汝 高飛遠走(여 고비원주)"

"물위에 등불 밝으니 의심을 낼 틈이 없으나
기둥이 다 썩은 듯 보이지만 아직도 힘이 남았다.
나는 순순히 하늘의 명을 받으리니
너는 높이 날고 멀리 뛰거라."

하지만, 그 역시 철학적 사고를 넘어 천도(天道)를 종교화하였는
데 이 점은 오히려 아쉬운 부분이라 첨언한다. 비록, 당시 상황이
너무나 엄혹(嚴酷)하여 대중들을 하나로 뭉치게 해서 신봉하게 만들
었어야 될 최적화된 방법이긴 하였으나 혹여 민간신앙처럼 풍속(風
俗)화되어 오해를 반거나 훌륭한 철학적 사유의 본의(本意)가 퇴색
될까 하는 우려에서이다.

다행스러운 것은 이후 민족계몽과 독립운동의 지도자였던 최시
형, 손병희, 김구, 방정환, 오세창, 최린, 이종일 등이 모두 천도교
인이었다고 하니 민족적 철학과 종교로서 큰 기여를 한 것임에는
틀림없다.

4-1. 자연의 섭리(攝理)

캐나다의 겨울은 5개월 이상 혹독하게 이어진다. 이 추운 겨울왕국에는 더불어 살아가는 즉 동행하며 공생하는 동물들이 많이 있다. 예를 들면, 카리부와 늑대, 눈덧신토끼와 시라소니 그리고 눈속의 쥐와 붉은 여우 등이다.

여기에서도 자연의 법칙은 너무도 예리하게 적용되어 있다.

마치 북극바다에 사는 물범을 항상 쫓아다니는 북극곰이 있는 것처럼 그리고 아프리카의 영양이 뛰는 것보다 더 빨리 뛰어다니며 추적하는 치타가 있는 것처럼… 이들 관계를 우리는 천적 관계라 하지만 사실은 이들 관계는 없어서는 안 될 상호 의존적 관계이다.

먹이 사슬의 먹이가 되는 동물에게는 다소 실망스러운 애기일지 몰라도 무리 내 건강한 개체만으로 적당한 숫자를 유지하는데 천적이 기여를 한다. 만약 천적이 없으면 무리 내 연약한 개체를 통해 전염병이 돌 수도 있고 건강하지 못한 유전자가 후손에게 대물림될 수도 있어 오히려 무리 전체가 궤멸하는 타격을 받을 수도 있다.

하지만 인간에게는 천적이 없어진 지 오래다. 심지어는 생태계의 건강한 천적 관계마저 인간들에 의해 그 고리가 끊어져 가고 있다. 이로 인한 자연과 환경의 파괴는 이미 자명하다.

이제 인간 스스로 대안적인 소위 '역동적이고 창조적인 파괴'나 획기적인 발상의 전환을 통한 자구책과 해결책을 구해 나가야 할 시점이다. 그렇지 않으면 자연은 새로운 천적을 인간에게 만들어 보내 줄지도 모른다. 아래에 이런 우려를 걱정하여 한시로 작시를 해 보았다(코로나 재난을 겪으면서 침통한 마음으로).

慮到來患難辛苦(려도래환난신고)

행운몽(行雲夢)

人無天敵 忘備危難 (인무천적 망비위난)

人猶不信 使人相害 (인유불신 사인상해)

天氣無常 不測亨塞 (천기무상 불측형색)

人雖不感 時來運到 (인수불감 시래운도)

고난이 도래함을 우려하며

사람에게는 천적이 없으므로 위난에 대비하지 않는다.

사람들은 오히려 불신으로 인하여 서로를 해하게 된다.

하늘의 기는 무상하며 형통함과 불길함을 예측할 수 없다.

사람은 비록 느낄 수 없으나 시간이 되면 운명이 찾아오게 된다.

4-2. 교육에 대한 유토피아적 발상

그렇다면 이 자구책과 해결책은 무엇인가?

그것은 우리 인간이 지금껏 사유해 왔던 철학에 담겨져 있다.

순환하는 철학의 공통분모를 찾아내고 인류 보편적 이성을 이끌어낼 호모트루플니스(Homo Truthfulness)를 세계 곳곳에서 양성하여 천도와 로고스(조화와 질서), 즉 자연정신을 실행토록 노력해야 된다.

이러한 교육을 위해 필자의 희망 섞인 교육안(敎育案)을 하기와 같이 제안해 본다.

至樂 莫如讀書 至要 莫如敎子(지락 막여독서 지요 막여교자)

"지극한 즐거움은 책을 읽는 것만 같음이 없고 지극히 필요한 것은 자식을 가르치는 것만 같음이 없다."

책이 넘쳐나고 있는 현대의 물질문명 속에서 책을 읽는다는 것은 오히려 귀찮고 거추장스러운 일로 치부(置簿)되곤 한다. 이미 책을 대신할 많은 TV, 인터넷 등 엔터테인먼트와 심지어 SNS, 유튜브 등을 통하여서도 수많은 정보를 접수하고 있기 때문에 굳이 종이 활자로 된 책을 돈 주고 사서 수고롭게 읽는 시간을 투자하고 싶어 하지 않기 때문일 것이다.

하지만 시간을 돌려 19, 20세기 이전만 하더라도 책을 읽는다는 것은 그 자체로 큰 특혜이자 사치이자 능력이었다. 책은 비싸고 귀했을 뿐만 아니라 훌륭한 사상가들의 지혜를 터득할 수 있는 거의 유일한 방법이었기 때문이다.

그래서 지금과 같이 체계화되고 평등화 된 공교육의 기회가 흔치 않았던 시대에 자신에게 부여되지 못한 교육을 대신해 자신의 꿈을 펼치려고 수많은 난관(難關)을 뚫고 주경야독(晝耕夜讀)해 왔던 많은 위인들을 접하게 되면 가슴 깊이 감동을 느끼곤 한다.

책을 읽는 것만으로 그들에게는 위안이 되었고 또한 그 책은 현재의 불행을 딛고 나갈 수 있는 발판이자 희망이 되었을 것이다.

즉, "책이 교육이고 교육이 책인 시절이었다."고 봐도 과언이 아니었다.

그러니 이성의 힘을 키우고 세상에 대한 눈을 뜨게 해주었던 책을 읽는 것이 가장 큰 즐거움이었을 것이고 자식의 출세뿐만 아니라 인격을 갖추어 잘 자라기를 바라는 마음에서 같은 방식으로 책을 통해 교육을 시키고 싶었을 것이다.

근대 교육의 새로운 혁신을 가져왔던 '에밀'의 저자 장 자크 루소는 자신의 어려운 환경을 독서를 통해 이겨낸 전형적인 입지전적 인물이다.

태어난 지 9일 만에 어머니를 여의고 아버지는 루소가 10살 때 거리에서 싸움을 벌이고 외국으로 도망쳐 버렸으니 거의 천애고아(天涯孤兒)와 별반 다르지 않았다. 열두 살부터 이런 저런 일자리를 찾아 떠돌아다녔으니 제대로 된 교육은 꿈도 꿀 수 없었다. 하지만 어린 루소는 기특하게도 늘 책을 가까이하고 지냈고 일을 마치고 시간이 날 때마다 독서를 하는데 열중하였고 특히 볼테르의 저서를 접하고는 자신도 볼테르처럼 훌륭한 글을 쓰고 싶다는 소망을 가지게 된다. 이후 플라톤, 아리스토텔레스, 데카르트, 로크 등 많은 인문서적을 섭렵하여 자신의 계획을 실현시키기 위해 홀로 독학을 하며 훈련한 결과 드디어 '사회계약론'과 '에밀' 등 인류 사회를 근본적으로 흔들어 놓는 거대한 작가가 되었으니 그야말로 수많은 난관(難關)을 뚫고 주경야독(晝耕夜讀)으로 성공한 전형적인 인물인 것이다.

비록 그가 자신이 부모로서 낳은 다섯 명의 아이들을 모두 고아원에 버려 아직도 많은 사람들로부터 큰 비난을 받고 있고 결코 이해하기 힘든 행동이긴 하지만 '에밀'을 통한 그의 사상은 근대 교육의 아버지라 불리는 페스탈로치에 가장 크게 영향을 끼쳤다.

루소 역시 자연의 흐름을 따라야 한다는 자연 정신을 강조한 사상가였고 교육에 있어서도 그러한 이상론을 추구했다. 즉, 당시 보편적으로 행해지던 주입식 교육에 반대하고 어린이에게 최대한 자유를 보장하여 많은 경험을 쌓게 하고 체육, 품성 등 전인교육(全人敎育)을 시킬 수 있도록 교사가 이끌어 나가야 되며 어린이에게 자연과 자유를 되돌려줄 것을 주장했다.

이를 이어받은 페스탈로치는 개인보다 집단 학습을 강조하고 미술, 체육, 음악, 수집, 지도 만들기, 현장 학습 등 참여활동과 학습을 늘리는 데 초점을 맞추어서 이를 통해 아이들의 선천적인 능력을 끄집어내어 개발하도록 유도하였으며 지적 교육보다도 오히려 도덕 교육을 더 중요하게 바라보았다.

이러한 근대적 교육의 선구자들에 의해 현대의 공교육은 과거에 비해 양적 질적으로 상당히 발전되어진 듯이 보이나 불행히도 전인교육이라는 관점에서 볼 때 아직도 많은 물음표가 따라다닌다.

현재의 한국 학교의 교육방식은 단순 지식인(知識人)을 배양(培養)하는 위주의 교육이지 지성인(知性人)이나 교양인(敎養人)을 배출하기 어려운 환경에서 주입식(注入式) 획일적(劃一的) 교육을 하고 있다고들 한다. 필자도 전적으로 공감하고 있으며 이 문제를 풀기 위해서는 지식과 교양을 50대 50으로 나누어 진행해야 된다고 주장하려 한다.

상기에 언급한 지식인과 지성인을 필자의 취지에 맞게 호모트루풀니스(Homo Truthfulness)로도 변형 응용하여 유사(類似)적 의미로 사용할 수 있다.

學而不思則罔, 思而不學則殆 (학이불사즉망, 사이불학즉태)
배우기만 하고 생각하지 않으면 얻음이 없고, 생각하기만 하고 배움이 없으면 위태롭다.

위에 유명한 공자의 교시(敎示)는 지금 우리에게도 시사(示唆)하는 바가 크다. 또한 격물치지(格物致知)라는 가르침도 사물의 이치를 완전히 알 때까지 구명(究明)하여 진정한 지식이 될 때까지 연구하고 파악한다는 의미이다.

이처럼 이미 우리는 진실된 배움과 교육이 어떤 식으로 이루어져야 되는지 이미 알고 있다. 다만, 이것을 토대로 새로이 시스템화한다는 것은 간단한 문제가 아닐 것이다.

현실과 괴리(乖離)가 있지만 교육 유토피아에 대한 필자만의 공상을 해본다.

우선 공공 무상 교육을 평일 대체적으로 6시간으로 하여 교육시간을 오전 3시간과 오후 2시간 또는 3시간만으로 줄이고 점심시간을 대폭 늘려 2시간 가까이 갖도록 해준다.

단, 획일적인 것은 아니며 초등학교는 더 줄이고 고등학교는 더 늘일 수 있지만 최대한 휴식과 공부를 병행할 수 있도록 과도한 교육시간을 좀 줄여보자는 취지이다. 아울러 오전에 배운 내용을 점심에 다시 한 번 되새김할 수 있고 오후에 배운 내용을 저녁이 되기 전에 다시 한 번 되새김할 수 있도록 하면 좋을 듯하다.

최대한 전인교육과 스스로 실사구시(實事求是)의 학습이 될 수 있도록 함양(涵養) 고취(鼓吹)시킨다. 초등학교 시절에는 인성교육에 70% 그리고 나머지 30%는 기초 학습 및 적성 파악을 하는 데 투자한다. 중학교 시절에는 인성교육에 50% 그리고 나머지 50%는 지식교육 및 적성과 재능에 대한 고찰을 할 수 있도록 유도한다.

고등학교 시절에는 인성교육에 30% 그리고 나머지 70%는 재능과 적성의 고찰을 통한 진로에 맞춘 심화 지식 학습이 되도록 지원한다.

인성교육을 위해서는 동서양의 검증된 많은 인문서적 및 고전을 통해 철학적 사고를 할 수 있는 힘을 기르게 한다. 단, 정답을 미리 정해 놓기보다는 스스로 보편타당하고 정당한 인류 공통의 가치, 도덕, 윤리를 터득해 나갈 수 있도록 유도하되 재미와 흥미를 느낄 수 있도록 많은 대화와 사례를 접목해서 진행한다.

예를 들면, 동양의 요순(堯舜) 정치와 서양의 철인(哲人) 정치가 서로 어떻게 사유를 공유하는지 이를 주장한 후대의 위인들은 왜 이들을 따르며 동조하였는지 … 이에 반대적이거나 이질적인 생각을 소유한 아리스토텔레스와 노자, 에피쿠로스 등은 왜 또 그렇게 주장하였으며 그렇게 말할 수밖에 없었는지…

이런 식으로 꼬리에 꼬리는 무는 사유와 지식의 순환을 간접적으로 또는 직접적으로 체험하게 유도함으로써 자연스럽게 내면의 이성과 접하고 인간과 가족 그리고 사회에 대해 스스로 책임감과 의무감을 생성시켜 이를 통해 도덕과 윤리의식을 고양시킬 수 있다.

또한 인류가 각 개인의 상대적이고 주관적일 수밖에 없는 행복을 모두가 같이 진정으로 추구하기 위해 어떤 식으로 살아가야 좋을지 건전한 토론과 논의가 활발히 진행될 수 있도록 열린 교육 시스템이 필요하다. 이는 마치 공자와 맹자가 많은 제자들과 열린 자세로 난상토론(爛商討論) 하였듯 그리고 마치 소크라테스, 플라톤, 아리스토텔리스 등이 광장이나 아카데미아 등에서 제자들과 격의(隔意) 없이 논의하는 것을 즐겼듯이 이루어지면 좋겠다고 상상해 본다.

다만, 이런 식의 공교육이 이루어지기 위해서는 교육대학이나 사범대하에서 시행하고 있는 현재의 교과 지식 위주의 교시 양성 비율을 일부 줄이고 인성교육을 위한 철학, 세계사, 한문 교사 등을 추가로 양성할 필요가 있다.

經師易求 人師難得(경사이구 인사난득)

　- 자치통감(資治通鑑)

글을 가르치는 스승은 만나기 쉬워도,

사람됨을 몸으로 가르치는 스승은 만나기 어렵다

그리고 현재의 디지털화된 지식의 습득 정도에 따른 변별(辨別)기준뿐만 아니라 인격자의 인문 소양을 못지않게 대학이나 사회에서 선별 기준으로 삼도록 체질 개선을 병행해야 된다.

물론, 요즘 중요시되는 "기회는 평등하게 과정은 공정하게 결과는 정의롭게"라는 기본 대원칙은 투명하게 전 과정 과정에서 지켜지고 몸소 체험하게 함으로써 공정이 사회에서 자연스럽게 상식으로 자리 잡아 나가게 해야 된다.

더불어, 전인교육을 위한 음악, 미술, 체육 등은 현행대로 또는 확대 시행하는 것이 좋아 보이고 봉사활동이나 야외활동도 현행 또는 확대 시행하는 것에 전적으로 동의한다.

마지막으로 인성교육 시간 중 하루나 이틀에 한 시간 정도는 평소 각자 읽고 싶었던 독서(교훈적인 만화 포함)를 하도록 정해서 운영하는 것도 좋은 방편이 아닌가 생각해 보았다.

말했듯이, 필자가 전문 교육학자가 아니기 때문에 현실과 괴리가 있을 것이고 유토피아적 환상으로 치부되어도 어쩔 수 없다. 하지만, 오늘날 인간성 부재의 사건사고들이 난무(亂舞)하고 사람으로서 최소한의 존엄을 느낄 수 없는 '디스토피아'적 비이성적 사회, 날로 사람들의 이기심에 의해 지구환경이 파괴되어 가고 부익부빈익빈(富益富貧益貧)이 심화되어져만 가는 현상을 완화(緩強助弱: 완강조약)시켜 보고 싶은 마음에 기재해 보았다.

교육이 계층의 선순환을 위한 가장 기초가 되는 사다리이자 인간의 정신을 설계해 나가는 근간이므로 공정과 조화를 망각한 채 운영되거나 인성교육을 등한시한다면 머지않아 그 결과로서 고통과 희생 속에 대변혁이 초래되는 대가를 치를 수도 있다.

교육은 또한 서로 배려하며 더불어 살아가야만 궁극적 행복에 닿을 수 있는 인간의 숙명적 과제를 미리 체득하게 하는 역할을 해야 한다.

"행복은 감사의 문으로 들어와서 불평의 문으로 나간다"라는 격언(格言)처럼

행복이란

행운몽(行雲夢)

눈과 귀는 바깥으로 뜨여져 있다.

그렇지만 눈과 귀로서 애써 신의 축복을 찾으려 나설 필요는 없다.

진정한 자기희생, 겸손함, 희망, 불굴의 의지, 용서, 사랑 등은 내 안에서 더 쉽게 찾을 수 있기 때문이다.

행복이란 스스로에게 감사해야 될 이유를 찾아서 답을 찾아가는 과정이다.

지난한 인생의 여정에서 나침반과 등대의 역할을 해주는 것이 인성(인문)교육이 될 것이며 올바른 인격을 지닌 사회인으로서 유대를 형성해 나갈 수 있는 길이기 때문에 현재보다 자연 친화적 편성으로 재편될 수 있으면 하는 바람이다.

4-3. 순환속의 공존

不入虎穴不得虎子(불입호혈부득호자)
호랑이 굴에 들어가지 않고는 호랑이 새끼를 잡을 수 없다

오래되고 유명한 격언(格言)이다. 기회를 얻기 위해서는 스스로 위기를 감수(甘受)하지 않을 수 없음을 호랑이 굴에 빗대어 우리 뇌리에 쉽고 강렬하게 각인(刻印)시켜준다.

역사의 방점(傍點)을 찍은 영웅들이나 사람들의 존경을 받는 위인들은 대부분 많은 리스크 테이킹(Risk Taking) 즉, 큰 위험을 무릅쓰고 도전하거나 자신의 의지를 굽히지 않고 실행으로 옮긴 사람들이다. 꼭 두각(頭角)을 나타내는 사람이 아닌 보통의 소시민들도 정도의 차이는 있을지 몰라도 늘 이러한 선택의 상황에 접할 경우가 흔히 생기곤 한다. 혹은 자신도 모르는 사이 우리는 수없이 많은 위기와 기회를 지나쳐 버렸을 수도 있다. 여기서 필자가 주지(周知)하고자 하는 것은 위기와 기회가 대립되어 보이지만 실은 동떨어진 다른 별개가 아니라 야누스의 얼굴이나 동전의 앞뒷면처럼 서로 떨어질 수 없는 자웅동체(雌雄同體)적 운명이라는 것이다.

덧붙여 말하면, 모든 자연적 요소는 대립되는 동시에 밀물과 썰물처럼 서로 자리를 맞바꾸는 순환을 끝없이 반복하며 순환 속에 서로 공존하고 있다는 것이다. 이 순환속의 공존이야 말로 우주와 자연의 본질적 대원칙이자 필자가 주장하고 싶은 요지이다. 우리 인류의 철학과 사상도 이러한 순환의 범주에 속해 있다.

과학과 인권의 성장은 분명 인류가 앞으로 나아가고 있음을 보여

준다. 하지만 엄밀하게 말하면, 우리는 아직도 지구 밖을 벗어나질 못했다. 심지어, 인류가 우리가 살고 있는 지구의 모양과 그것을 감싸고 있는 태양계의 대략적인 윤곽을 알아낸 것도 우주의 나이를 하루로 기준하여 볼 때 겨우 몇 초 전의 일에 불과하다. 이런 사실을 감안하여 볼 때, 인류가 교만해져 공존의 가치를 망각해 나간다면 대자연은 언제든 순리에 따라 순환의 법칙을 앞당겨 가동할 준비가 되어져 있을 것이다.

그렇다면 공존의 가치를 지키는 것이 아무것도 하지 않는 수동적인 의미를 뜻하는 것인가? 그렇지 않다. 오히려 토인비의 언급처럼 도전과 응전을 지속적으로 조화롭게 행하여 나가는 것과 의미적으로 가깝다. 아무것도 행하지 않는 것은 중간에 머물고 있는 것이 아니라 실은 도태되어져 간다고 할 수 있다. 마치 물고기가 헤엄을 치지 않으면 곧 가라앉아 버리는 것과 같다. 그래서 조상들로부터 전해져 오는 지혜의 말씀들은 한결같이 고난과 역경을 피하지 말고 오히려 성장의 기회로 삼으라고 하셨음을 동서고금(東西古今)을 통해 확인할 수 있다. 비바람 없이 맑은 날만 계속되면 오래지 않아 사막이 되어버릴 것이기 때문이다.

개괄(概括)하면, 멈추지 않고 도전하되 순환 속에 공존하는 참된 의미를 간과(看過)하지 않는 지혜를 겸비(兼備)할 수 있다면 자연정신이 보관된 진실의 문 앞에 놓인 열쇠를 손에 쥔 자신의 모습을 발견할 수 있지 않을까 마음속으로 그려본다. 그리하여 자연의 섭리(자연정신)가 인간의 철학 속에 녹아져 순환되고 있음을 깨닫고 겸허(謙虛)하게 서로를 배려해가며 끊임없이 진리를 탐구하는 자세를 견지(堅持)해 나가는 것이 곧 프로네시스(Phronesis, 실천적 지혜)일 것이다.

카라카스의 밤

생텍쥐베리가 사막을 비행하며 어린 왕자를 찾아 떠났듯이 나도 나만의 사막을 마다하지 않고 그곳이 어디든 기꺼이 찾아 떠나곤 했다. 50년된 악취를 풍기는 카펫이 깔려 있고 안전벨트가 고장 나 사라진 낡은 러시아산 프로펠러 비행기를 타고 경계선이 없는 시베리아의 눈밭 공항에 착륙할 때도 있었고 대다수가 꺼려하고 위험이 도사리고 있는 중동, 아프리카, 중남미 국가들 그리고 분쟁 지역인 우크라이나와 베네수엘라도 예외는 아니었다.

2014년 초였던 것으로 기억이 나는데 우크라이나에서 반정부 시위가 최고조에 이르러 수도 키예프의 중앙 독립 광장은 온통 그을린 듯한 바리케이드와 경찰들로 둘러싸여져 있었다. 나는 그 광장의 중앙에 가장 높이 솟아 있는 호텔 룸 창문을 통해서 그 장면을 직접 목도(目睹)하고 있었고 마찬가지로 실시간으로 똑같은 장면을 CNN과 BBC 등 세계 뉴스를 통해 TV로 보고 있었다.

내가 묵었던 대형 호텔에 숙박을 하고 있는 사람은 나 한 사람을 빼고는 죄다 외신 기자들이었고 로비는 모두 시위 진압 경찰이 차지하고 있었다. 그래서 호텔과 광장을 지나가기 위해서는 여러 차례의 검문과 신분 증명을 해야만 했다. 심지어 호텔 리셉션의 직원들과 근처의 경찰들도 나에 대해 굉장히 의아해하고 있었고 기자가 아닌데 왜 이런 위험한 곳에 있는지 계속 물어보는 형국이었다. 나도 일일이 설명하느라 지치고 불안이 엄습해 옴을 느꼈지만 뜻하지 않은 행운도 한 가지 따랐었다. 내가 원래 예약했던 룸은 가장 저렴한 저가 룸이었는데 리셉션 매니저가 용감하다며 최상급 스위트룸으로 무료 변경을 해주었다. 왠지 갑자기 노블리스(Noblesse)나 귀족이 된 듯한 기분이 들었지만 그것도 잠시… 을씨년스럽게도 복도에는 인기척이라고는 전혀 감지 할 수 없고 룸서비스나 조식조차도 제공이 안 되는 빈껍데기만 남은 유령호텔과도 같은 곳임을 자각하는 데 그리 오래지 않았다.

그로부터 2년쯤 뒤 이번에는 세계에서 가장 위험한 도시로 이름이 자자한 베네수엘라의 수도 카라카스를 겁도 없이 가게 되었다. 다소 무모해 보일지 모르겠지만 아직 일어나지도 않는 미지의 불안에 나를 예속시켜 도전을 하지 않는다면 나는 불안의 노예가 될 뿐이라고 스스로를 다독였다. 그리고 솔직히 그때는 그렇게 까지 악명이 높은 곳 인줄 인지하지 못하기도 했었다.

내가 처음 카라카스 공항에 도착했을 때 주위의 사람들은 대부분 나를 힐끗힐끗 쳐다보았다. 왜 그런 지는 금세 알 수 있었다. 주위에 ㄱ 흔한 중국인이나 아시안으로 보이는 사람이 전혀 보이지 않았는데 나 혼자 동북아에서 온 아시안이니 너무 도드라져 보였던 것이다. 이때부터 왠지 내가 범죄의 타깃이 될 수도 있겠구나 싶어서 조금 불안해지기 시작했다. 그래서 짐을 찾은 후 서둘러 택시를 타기 위해 택시 승강장에 서서 나의 비즈니스 파트너(이하 '필립'이라 가칭함)에게 전화를 걸었다. 지금 공항에 무사히 도착했으며 호텔까지는 안전한 택시로 이동할 테니 굳이 바쁜데 공항에 올 필요가 없다는 취지였다. 하지만 그의 대답이 가관이었다. 갑자기 다급한 목소리로 지금 택시를 타면 안 된다고 정색을 하며 얘기를 하는 것이었다. 마침 택시 한

대가 내가 서 있는 쪽으로 오고 있었는데 워낙 반복적으로 강하게 말을 하여서 택시를 타지 않고 승강장을 벗어나 왜 그래야 하는지 물어보았다. 필립은 친절하게도 본인이 지금 자신의 차로 바로 갈 테니 기다리라고 하면서 택시를 타지 말아야 되는 이유를 설명해 주었다. 택시의 부지기수(不知其數)가 범죄와 연루(連累)되어 있고 정식 택시가 아닌데다가 나와 같은 동양인이 택시를 타면 바로 납치(Kidnapping)를 당할 가능성이 매우 높다는 것이었다. 난 속으로 정말 그럴까라고 의구심이 들었지만 어쨌든 뭔가 아찔한 전율(戰慄) 같은 것을 느끼며 그에게 감사를 표했다.

나의 비즈니스 파트너, 필립은 사실 이중국적을 가지고 있는 사람이었다. 평소에는 미국의 플로리다에서 거처를 하다 사업상 필요가 있을 시 베네수엘라로 와서 비즈니스를 한다는 것이었다. 하지만 본인조차도 자신의 나라 베네수엘라가 너무 치안이 불안하고 범죄가 빈번하여 늘 조심하며 지내고 있다고 했다. 그러면서 내가 호텔에서 벗어날 일이 있으면 반듯이 자신과 대동(帶同)하여 자신의 차로 움직이도록 하겠다고 하였다.

결과적으로 그의 친절한 배려 속에 무사히 베네수엘라 여행을 마칠 수 있었다. 후에 그가 농담식으로 언급하긴 했지만 내가 정말로 자신의 나라로 찾아올지는 예상하지 못했다는 것이다. 물론 비즈니스적으로는 많은 도움이 되었지만 설마 정말로 올지는 몰랐다고 고백했었다.

카라카스에서 2박3일을 머무르면서 그는 나를 인상적인 곳으로 데리고 다녔다. 카라카스에서 가장 전망이 좋은 산등성 쉼터였는데 그곳에서 몇 개의 산을 온통 뒤덮은 판자촌을 볼 수 있었다. 오죽하면

저렇게 많은 빈민들이 저런 식으로 얼기설기 뒤엉켜 살 수밖에 없을까라고 측은한 마음이 들어야 옳겠지만 순간 너무나 거대한 규모에 압도되어 할 말을 잃게 만들었다. 오히려 장엄(莊嚴)하다고 표현할 수밖에 없었다. 물론, 다른 중남미에서도 흔히 발견할 수 있는 집단 빈민촌이라고 할 수도 있지만 그 규모와 대도시에 걸쳐 산정상들까지 모두 덮어버린 그 거대함에는 비견하기 어려운 충격적인 장면이었다. 돌아오는 길에 빈민가를 가로질러 가면서 필립은 나에게 창문을 절대 열지 말라고 당부하였다.

이틀째 밤, 그는 그의 여자친구와 함께 나를 저녁식사와 파티를 겸할 수 있는 근사하고 화려한 루프탑 바로 데리고 갔다. 내 개인적인 느낌으로는 주로 외국인이나 부유층만을 상대하는 특별한 장소로 보였다. 카라카스의 빈민촌을 막 경험하고 온 나로서는 정반대적인 분위기의 이곳이 묘하게 괴리(乖離)감이 느껴졌다. 카라카스의 그리 밝지만은 않은 야경이 바라다 보이는 높은 빌딩의 루프탑 야외 테라스에 앉아서 낭만적으로 칵테일을 음미하는 것도 잠깐 밤이 무르익어 갈 무렵 신나고 경쾌한 남미풍의 음악이 흘러니오기 시작했고 남미 사람 특유의 커플댄스가 자연스럽게 여기저기서 행해지고 있었다. 필립과 그의 여자친구도 자연스럽게 커플댄스를 즐겼고 정열의 남미답게 자리에 앉아 있는 사람이 없을 정도로 모두 나와서 춤을 추고 있었다.

문득 조금 떨어진 테이블에 혼자 앉아 있는 미모의 아가씨와 눈이 마주쳤다. 그런데 그녀가 갑자기 환하게 웃어주는 것이 아닌가. 나는 나도 모르게 취기(醉氣)를 빌려 말은 통하지 않지만 그녀에게 손을 내밀어 보았다. 그녀도 싫지 않았는지 나를 따라 나와 커플댄스를 추게 되었다. 그때 나는 술기운이 올라와 어설픈 몸치의 동양인이라는 걸 망각하고 있었던 것이다. 하지만 그때의 분위기로서는 그냥 테이블에 앉아 있는 것 자체가 더 어색한 상황이었다. 한참을 그러고 있는데 자리에 좀 앉아 같이 얘기라도 하고 싶어 졌다. 그런데 문제는 언어가 전혀 통하지 않는다는 데 있었다. 그녀는 아예 영어를 말하거나 이해하지 못했고 나는 스페인어의 인사말 정도만 하는 수준이었다. 몸치인 나를 위해 춤을 가르쳐 줘서 고맙다는 말과 어디서 살고 있고 어떻게 여길 왔는지 등을 손짓발짓 해가며 이어 갔지만 더 이상 오래 붙잡고 있을 수는 없었다.

그녀는 떠나며 자신의 이름과 연락처 등을 전해주려 애쓰는 듯 보였지만 필기도구가 없으니 이름 정도만 알 수 있는 것만으로 아쉬움(?)을 달래며 웃으며 작별하였다. 어쨌든 확실한 것은 베네수엘라 여자들은 세계미인 대회를 휩쓸 만큼 대부분 미인들이라는 것과 미소도 외모 못지않게 우아하고 배려심이 충만한 듯 느껴져 나의 특별하면서도 이국적인 카라카스의 밤을 잊히지 않게 환하게 비쳐주고 있었다.

결론

결론적으로 필자는 흔히 말하는 "자연으로 돌아가라"라는 계몽사상을 설파하고자 함이 아니며 또한 지금까지 인류의 철학자들과 과학자들이 이루어 놓은 성과를 폄하나 폄훼(貶毀)하려는 의도는 더욱 없다. 이미 플라톤과 같은 철학의 개척자부터 눈에 보이지 않는 사물의 본성이며 원인이 되는 형이상학적인 개념과 존재를 느끼고 있었으며 이것을 이른바 이성으로만 인식할 수 있는 이데아라 명명할 때부터 철학자들은 그 '무엇'을 찾아 헤매어 왔고 나름대로 각자의 방식으로 정의 및 이름지어 왔었다.

다만, 인식의 접근에 있어서 자연과 인간 사이에 공통으로 흐르고 있는 원천적이고 실존적인 원리와 질서 또는 그 원동자에 대해 노자와 그 후예들이 그랬던 것처럼 논하고 싶고 이를 대입함으로써 극단으로 치닫는 현대 사회의 모순을 연구하고 너무나 인위적으로 쉽게 정해 버리고 서로가 옳은 선을 가지고 있다고 주장해 버리는 현 시대의 병폐들을 타파해 나가는 데 어떤 원리와 체계의 실마리를 찾을 수 있지 않을까 생각해 보았다.

역사적으로 보더라도 경쟁과 평등이라는 가치관들이 자유 자본주의와 사회 공산주의를 통해 극단의 방법으로 대립한 적이 있었지만 이러한 가치관들은 신념이 아니라 자연정신의 일부일 뿐이다. 마치 전쟁과 평화 독재와 공화가 반복되어 오듯이 이런 가치관들은 서로 대립하고 경쟁하며 자연스럽게 보완해 나가는 것이다. 그러므로 이러한 가치관들 중 어느 한 가지를 맹신하거나 속단, 관습, 왜

곡, 허상, 허영, 공명심, 미신, 우상 등으로 치우쳐져서 신념화 하지 않는 것이 중요하다. 호모트루플니스(Homo Truthfulness)를 지향(指向)하는 우리 각자가 이러한 조화와 섭리의 자연정신을 추구하여 나가기를 소망하여 본다.

우리는 일상을 살아가면서 싫던 좋던 "늘 최선을 바라되 최악에도 대비해야 된다" 말처럼 항상 "왜, 무엇을, 어떻게"와 직면해야 되고 이성과 본능 그리고 지혜로서 최선의 선택을 해 나가야 하는 연속에서 살아가고 있다.

그러한 가운데 특정한 가치와 삶의 방식 그리고 도그마의 패러다임에 얽매이지 않고 자유로이 그리고 끊임없이 의심하며 자기 부정과 투쟁과 그에 따른 성찰을 반복함으로써 새로운 자아를 찾아가는 토대를 쌓아 지속적으로 변화하는 자연 정신에 현을 맞추어 나가야 된다.

그런 자연인이면서 현존재(실존자)의 입장에서 시간의 존재가 끝나는 미지의 죽음에 미리 대면한 후 자유로운 사유를 할 수 있는 동안 그 사유를 통해서 "이것이 끝을 의미하는지 또 다른 시작을 의미하는지 모르지만 무한히 자연(우주) 속에서 순환하는 것임에는 틀림없을 것이다"라는 희망으로 마무리 지을까 한다.

자유로운 의지의 표상

행운몽(行雲夢)

민주주의에 목마르다면 페리클레스의 추도문을 보라
나만이 옳다고 주장한다면 로베스피에르의 최후를 보라
이성이 무엇일까 고민한다면 이미 내재되어진 선험적 인식의 틀과
그것을 극복하려는 니체를 동시에 만나게 될 것이다.
자연정신이 우리에게 무의식을 준 이유가 있을 것이다.
보다 자유로운 무의식적 자유를 갈망하기 때문이다.
자유의지를 채우라. 철학자여! 그대들은 선의의 옹호자들이었다.

한시

창작 한시를 통해 노자에서 최제우까지 이어져 오는 범신론적 자연정신에 대해 다시 한 번 반추(反芻)하여 보았다.

思源玄德(사원현덕)

暗中顧我始覺 (암중고아시각)
時運朝夕往來 (시운조석왕래)
只導使人心極 (지도사인심극)
但求虛心樂道 (단구허심낙도)

어둠 속에서 나를 돌아보니 비로소 깨닫게 되었네
때와 운수는 아침 저녁으로 왔다가 또 가는 것임을
오직 사람의 마음을 극도로 이끌 뿐이니
단지 마음을 비우고 도를 즐기는 것을 구할 뿐이다.

道法自然(도법자연)

水不可踰湖海 (수불가유호해)
火不可活與氷 (화불가활어빙)
物不可渡時空 (물불가도시공)
人不可逆行運 (인불가역행운)

물은 호수와 바다를 건너갈 수 없고
불은 얼음과 나란히 타오를 수 없다.
만물은 시간과 공간을 건너뛸 수 없고
인간은 운명을 거스를 수 없다.

逆說(역설)의 循環(순환)

甚明必甚暗 甚吉必甚凶 (심명필심암 심길필심흉)

甚甘必甚苦 甚歡必甚悲 (심감필심고 심환필심비)

甚強必甚弱 甚尊必甚危 (심강필심약 심존필심위)

甚興必甚衰 甚昇必甚降 (심흥필심쇠 심승필심강)

빛이 밝으면 필히 어둠이 짙고 크게 길하면 필히 흉함이 깊다.

즐거움이 넘치면 심한 괴로움이 있고 환희가 생기는 곳에 필히 비
통함이 있다.

심하게 강해지면 필히 심하게 약해지며 심히 존귀 해질수록 심히
위태로워진다.

흥함이 일어나면 필히 그만큼 쇠하고 오르막이 가파르면 필히 내리
막도 심하다.

太極(태극)

會熱寒則非熱而非寒 (회열한즉비열이비한)
會靑紅則非靑而非紅 (회청홍즉비청이비홍)
原山水來非山而非水 (원산수래비산이비수)
原禍福來非禍而非福 (원화복래비화이비복)
唯覺非高低亦非長短 (유각비고저역비장단)
故天地開闢所以陰陽 (고천지개벽소이음양)

뜨거움과 차가움이 만나면 뜨겁지도 차갑지도 않으며
청색과 빨간색이 만나면 청색도 빨간색도 아니다.
원래 산과 물은 산과 물에서 유래하지 않았으며
원래 화와 복은 화와 복에서 유래하지 않았다.
오로지 높고 낮음이 없고 길고 짧은 것이 없음을 깨달으면
고로 천지개벽이 음양의 조화로 이루어짐을 아는 것이다.

우화집

인간 정신(이성)의 최고 단계가 자유라고 한다면 인간 지성의 최고
단계는 지혜일 것이다. 지혜와 관련된 몇 편의 우화를 첨작(添作)
해 보았다.

유명재천(有命在天)국의 두 현자

약수(若水)라는 고명(高明)한 현자(賢者)가 재천유명국에 당도하자 신독(愼獨)이라는 역시 고매(高邁)한 현자(賢者)가 찾아와 진리와 도(道)에 대해 대담(對談)하였다.

신독: 평소 흠모(欽慕)하여 뵙기를 앙망(仰望)하였는데 금일 황금천냥미위귀득인일어승천금(黃金千兩未爲貴得人一語勝千金: 황금천냥보다 한마디 말씀이 더 귀중하다)의 말씀을 구(求)하고자 이렇게 찾아뵈었습니다.

약수: 네 두루 술이부작(述而不作: 자신의 말 대신 성현의 말을 모아 전하다)하고 계시다는 전언을 익히 들어왔는데 천명(闡明)을 득(得)하고 달도(達道: 도에 도달)를 하셨는지요?

신독: 저는 중용(中庸)의 자세로서 칠정(七情: 기쁨[喜], 노여움[怒], 슬픔[哀], 즐거움[樂], 사랑[愛], 미움[惡], 욕심[欲])에 얽매이지 않고 인의(仁義)와 덕(德)을 실천하여 수기치인(修己治人: 내 몸을 닦아 남을 교화[敎化]하거나 백성을 다스림)하고 있습니다.

약수: 치인(治人)과 치국(治國)을 위해서는 무릇 이해관계(利害

關係)가 있기 마련인데 신독께서 주장하시는 중용이란 무엇인지요?

신독: 진리와 정의를 실천함에 있어 치우침이 없음을 뜻합니다. 예를 들어 진리란, 지지위지지 부지위부지 시지야(知之爲知之 不知爲不知 是知也: 아는 것을 안다고 하고 모르는 것은 모른다고 하는 것이 참되게 아는 것이다)와 시위시 비위비 왈 직(是謂是 非謂非 曰 直: 옳은 것을 옳다. 그른 것을 그르다고 말하는 것을 정직함이라 한다) 등의 훈시가 있으며,

예를 들어 정의란, 위선자 천보지이복 위불선자 천보지이화(爲善者 天報之以福 爲不善者 天報之以禍: 착한 일을 하는 사람에게는 하늘이 복을 주시고 악한 일을 하는 사람에게는 하늘이 재앙을 주느니라)이고 성중형외(誠中形外: 마음속의 참됨은 자연히 밖으로 드러난다)이므로 언행일치(言行一致)해야 합니다.

더불어 소인구제인 군자구제기(小人求諸人 君子求諸己: 소인은 항상 남을 탓하지만 군자는 항상 자신을 탓한다)의 마음가짐으로 예즉자비이존인(禮則自卑而尊人: 예란 자기를 낮추고 타인을 존중하는 것이다)의 가르침을 실천해야 됩니다.

약수: 그렇다면 치우침이 없게 하기 위해서는 어떻게 하고 계시는지요?

신독: 군자로서 수신(修身)을 위해 신기독(愼其獨: 홀로 있을 때에도 도리[道理]에 어그러짐이 없도록 삼감)하고 있으며 밖으로는 청기언이관기행(聽其言而信其行: 그 말을 듣고 그 행실을 살

- 158 -

편다)하며 안으로는 이책인지심책기 이서기지심서인(以責人之心責己 以恕己之心恕人: 남을 책망하는 마음으로 자기를 책망하고 자기를 용서하는 마음으로 남을 용서하라)으로 성현의 도로 삼고 있습니다.

약수: 신독의 말씀은 잘 들었습니다. 군자의 지극한 도는 지성(至誠)이오나 이를 초월(超越)하여 지허(至虛)의 경지(境地)에 입도(入道)하시기에는 아직 충분치 못한 듯합니다.

신독: 지허(至虛)의 경지(境地)란 어떤 것인지요?

약수: 물아일체(物我一體)의 경지를 뜻하지요. 즉 "나는 곧 너이며 너는 곧 나이고 나는 곧 만물이기도 하다."라는 말로서 시공간을 초월하는 자연적 존재에 도가 머물며 그 도가 머무는 곳이 중용(中庸)입니다.

신독: 그렇다면 지허(至虛)에 입도(入道)하기 위해서는 어떻게 해야 하는지요?

약수: 말똥구리는 꽃향기보다 똥냄새를 좋아하고 세상에서 가장 큰 대왕고래는 가장 작은 크릴새우만을 먹습니다. 축록자불견산 확금자불견인(逐鹿者不見山 攫金者不見人: 사슴을 쫓는 사람은 산이 보이지 않고 돈을 손에 움켜진 자는 사람이 눈에 보이지 않는다)이지만 조지장사기명야애 인지장사기언야선(鳥之

將死其鳴也哀, 人之將死 其言也善: 새가 죽으려 할 때는 그 울음이 애처롭고, 사람은 죽음에 임하면 그 말이 선해진다)이라 하였습니다. 그러니 화여복동문이여해위린(禍與福同門 利與害爲隣: 화와 복은 들어오는 문이 같으며, 이익과 해악은 이웃지간이다)라는 이치를 잊지 마시기 바랍니다.

약간의 침묵이 흐른 뒤 약수는 말을 이어갔다.

약수: 유수불부(流水不腐: 흐르는 물은 썩지 않는다)이니 모든 것은 변화하게 되어 있습니다. 그러므로 구안즉필위 구수존명불상야(久安則必危 久受尊名不祥也: 오랫동안 편안하면 반드시 위태롭고 영예가 오래되면 오히려 화근이 된다)입니다.
다시 말하면 색즉시공공즉시색(色卽是空空卽是色) 공수래공수거(空手來空手去)인즉 지조(志操)를 가지고 인의(仁義)를 실천하되 아시타비(我是他非: 나는 옳고, 남은 그르다)보다는 역지사지(易地思之)하시고 인륜(人倫)의 도리(道理)뿐만 아니라 자연 속에 영원히 순환하는 도를 함께 깨우치시기를 권해 드립니다.

신독: 조문도석사가의(朝聞道夕死可矣: 아침에 올바른 정도[正 道]와 이치[理致]를 깨달으면 저녁에 죽어도 좋다)라 하였습니다.
천명(天命)이 본성(本性)이고 그 본성을 따르는 것을 도라고 일컬어지니 그 도를 닦는 마음으로 가르침(敎)을 전하겠습니다.

운 좋은 개구리

어느 작은 연못에 청개구리 한 마리가 외로이 살고 있었다. 이 개구리는 늘 자기 신세를 한탄하며 지냈다.

"아 정말 나는 불행해. 이 연못에는 나 외에 친구도 가족도 없고 난 늘 외로워. 게다가 나와 결혼할 여자가 없으니 아마도 이 세상에서 개구리는 멸종하고 말 거야. 세상에 나보다 재수 없는 개구리가 있을까…"

그러던 어느 날 비가 억수같이 퍼붓더니 그 작은 연못에 물이 넘쳐 청개구리는 이웃해 있는 큰 연못으로 떠내려가고 말았다. 그런데 뜻밖에도 큰 연못에는 자기와 비슷하게 생긴 개구리들이 넘쳐나질 않은가. 너무 기쁜 나머지 청개구리는 친구에게 다가가 말을 걸었다.

"정말 반가워 친구야. 나와 같은 동족을 만나게 되어서 너무 기뻐서 눈물이 날 지경이야."

그런데 다른 청개구리들이 하나같이 말대꾸도 거의 없이 무언가 바쁜 듯이 움직이고 있었다. 청개구리는 실망했지만 급히 가던 또 다른 친구를 붙잡고 왜 그리 다들 황급히 뛰어가냐고 물었다. 그러자 친구 개구리가 이상하다는 듯이 청개구리에게 말했다.

"이봐, 넌 이 그늘이 안 보여?" 청개구리가 친구 개구리가 말하는 것에 의아해하자, "넌 정말 운이 좋은 개구리구나. 이 그늘을 모르고 아직 살아남아 있다니 … 난 늘 살아남으려고 안간힘을 쓰며 발버둥 치고 있어도 쉽지 않은데…"

그렇게 말하는 사이 갑자기 물 위로부터 커다란 꼬챙이 같은 것이 뚫고 들어와 친구 개구리를 휙 낚아채 올라가는 것을 보았다. 그것은 개구리의 천적인 황새였다. 그리고 그 그늘은 그 황새가 물 위에서 개구리들을 노려보고 있는 중이므로 빨리 몸을 피해 도망가야 한다는 신호였던 것이다.

또한 운 좋게 도망치던 다른 개구리들 중 일부는 미리 바위틈에 숨어있던 메기들에게 잡아먹히고 있었다. 그제야 청개구리는 자신이 여태까지 얼마나 운 좋게 살아왔음을 깨닫게 되었다.

외계인A가 외계인 B에게

　시간과 공간이 일정하지 않고 상대적으로 존재하는 외계인 마을이 있었다. 어느 날 외계인 B집에 놀러간 외계인 A는 친구인 B가 자신의 집에서 재밌는 실험을 하는 것을 보고 흥미를 느끼게 되었다. 그것은 외계인 세계에서 유행하는 빅뱅 놀이였다. 마치 불꽃놀이처럼 우주라는 진공관을 룸에 꽉 차게 설치한 후 원자들을 가득 채워 하나로 모은 다음 적당한 빅뱅 생성 데이터베이스를 넣어서 시스템화 해서 터트려 보는 놀이였다. 시간은 1시간을 100억 년으로 공간은 1m를 100억 개의 은하계로 설정하여 어떠한 생성 요소를 가감하였을 때 나오는 결과물을 관찰하는 실험이었다. 강한 에너지를 투입한 빅뱅이 한 번 터지고 나면 이런 시스템 원리에 의해 시간이 지남에 따라 팽창해 나가는 원자들(수소와 헬륨 등)이 서로 흩어지고 붙었다를 반복하면서 각종 별과 행성 그리고 은하계 즉 우주의 삼라만상(森羅萬象)을 만들어 나갔다. 그리고 이러한 에너지를 다시 빨아들여 순환시키기 위해 블랙홀도 중간 중간 발생되도록 해 놓았다. 다만, 이러는 가운데 우연한 원자와 원소의 조합으로 생명체를 발생시키는 케이스는 아주 드물게 생성되었다.

　이런 빅뱅에 주로 사용되는 생성 요소에는 음(陰), 양(陽), 강(强), 약(弱), 장(長), 단(短), 대(大), 소(小) 등이었지만 어떠한 기본이 되는 기준점을 따로 설정하지는 않았다. 기준점이 없다 보니 음은 음이 아니고 양은 양이 아니고 강은 강이 아니고 약은 약이 아니며 장이

단이 되기도 단이 약이 되기도 그리고 대가 소가 되며 소가 대가 되기도 하였다. 그러다 보니 에너지가 무한히 커지거나 아예 사그라드는 일이 반복되고 원소와 그 파생 집합체나 생명체의 씨앗들이 무한 자유와 경쟁으로 끝없이 변화되거나 파괴되어 생명을 탄생시키기는커녕 우주라고 불리는 진공관이 오래 견디기 힘든 카오스(Chaos)상태가 되어 버린 듯 해 보였다.

그러자 외계인 B가 친구 A에게 "아무래도 이 실험은 무리인 듯 해 보여. 진공관이 견디지 못하고 터질 수도 있을 것 같아" 라고 말을 하면서 실험을 중단하려 하였다. "아니면 지금이라도 적당한 기준점을 만들어 그 선으로 우주를 정확히 나누어 보는 게 좋을 것 같아. 그렇게 하면, 모든 것이 명백해 지니 말이야. 크고 작은 것과 옳고(선[善]) 그름(악[惡]) 그리고 천국과 지옥도 나눌 수 있을 것 같아."

이 말을 듣고 외계인 A가 B에게 충고를 했다. "그렇게 이분법으로 모든 것을 나누어 버리면 더 이상 순환하지 않아 결국 우주가 작동하지 않아 소멸해 버릴 걸세.

진공관(우주)에 이미 원천 에너지(만유인력)가 존재하니 시간이 좀 지나면 스스로 알아서 질서와 조화를 유지하게 될 것이니 조금만 더 기다려 보게나."

그러자 상대적인 한 시간이 조금 더 지난 시점(우주 시간 대략 100억년)에 외계인 A가 얘기한 대로 정말로 우주의 카오스가 점점 줄어들고 모든 물질들이 조화와 질서 속에 접어 들어가는 것이 보였다. 그리고 그로부터 20분 정도가 더 지나자(우주시간 대략 137억년), 몇 몇 별에 생명이 발생되는 것을 알 수 있었다. 심지어 지구라는 별에는 빅뱅 실험이 완벽에 가깝게 성공해야만 나타난다는 지적 생명도 약육강식과 적자생존의 진화를 거듭해 나타났음이 보였다. 지적 생명이란 본능 외에 사유를 할 수 있는 능력을 가진 생명을 일컫는 것인데 인간이라고 불리는 지적 생명체들은 이 우주가 누구에 의해 왜 발생하였으며 어떤 원리로 존재하며 진행되는지를 알려고 하는 철학적 사유를 할 수 있는 존재들이었다.

물론, 그 해답을 찾지 못하였기 때문에 우주와 자연의 일부분만 보고 억측을 한다든지 자신들의 이해관계에 맞게 상상하여 각색 포장하는 일이 다반사였지만 … 심지어 외계인 B와 전혀 다르게 생긴 지구인의 형상을 그리거나 조각하여 신으로 모시고 있었다 … 어떤 이들은 우주와 자연 그리고 인생의 이치를 심도 있게 꾸준히 관찰하고 연구하여 상당히 꿰뚫어 보는 경지에 도달하여 놀랄 정도였다.

그러나 어차피 인간도 우주 속의 한 존재이기 때문에 우주와 자연의 원리가 똑같이 인간에게도 적용되어졌다. 즉 스스로의 의지에 의해 끝임 없이 자유롭게 경쟁을 펼치고 그러는 와중에 자연스럽게 조화와 질서를 찾아가는 것이다. 이를 인간들은 좀 더 고차원적으로 사랑, 투쟁, 미움, 희생, 인내, 행복, 쾌락, 고통, 슬픔, 질투, 우정, 공포, 평등, 교만, 겸손, 의심, 성공, 실패, 믿음, 소망, 도덕 등의 감성적인 단어로서 세분화하길 좋아한다. 그리고 이미 이런 것들이 무한히 반복 순환됨을 깨달아 가고 있었다.

외계인 A가 이를 흐뭇하게 바라보다 문득 자신들의 존재와 마을도 똑같은 고민에 빠져 있는데 인간들이 이와 유사한 고뇌를 하는 것을 보고 연민과 함께 묘한 감정이 들었다.

그래서 외계인 B에게 이렇게 얘기했다. "혹시 우리 마을에 오래 전부터 내려오는 전설적인 이야기가 있는데 들어 본적이 있어?"

B는 "글쎄, 들어본 거 같기도 한데, 뭐였었지?"라고 반문했다.

A가 대답했다.

"확실치는 않지만 오래전부터 전해 내려오는 전설에 따르면 이러한 빅뱅 실험을 하던 또 다른 외계인이 에너지를 너무 과도하게 투입하여 진공관이 깨져버린 일이 있었는데 이 진공관에서 튀어나와 버린 우주가 지금 우리가 살고 있는 마을과 세상을 이루고 있다는 것이라네."

돌고래와 복어

　햇빛이 비추는 바다 속에서 사춘기에 접어든 수컷 돌고래 무리가 장난스럽게 물장구를 치며 놀고 있었다. 그러다 갑자기 우연히 지나가는 복어를 보게 되었다. 복어는 아차 싶어 몸을 최대한 부풀리며 다가오지 말라는 경고를 보내며 그 자리를 빨리 벗어나려 힘차게 꼬리지느러미를 흔들어 대며 헤엄을 쳤다.

　돌고래 중 한 녀석이 재빨리 복어의 곁에 와서 먼저 말을 걸었다.

　"이봐 친구야. 난 레오라고 해. 우리랑 같이 좀 놀다 가렴. 넌 그냥 가만 있기만 하면 돼. 그러면 마치 놀이 기구를 타는 기분이 들 수도 있을 거야. 맹세할게…너만 조심하면 절대 다치지 않게 놀고 나서 보내줄게."

　복어가 부담스러워 하며 대답했다.

　"우리는 결코 친구가 될 수 없어. 너와 난 이미 유전적으로 너무나 차이가 커. 넌 나와 같이 작은 물고기 친구를 먹이로 먹고 살지만 나는 독이 있으니 먹지 않을 뿐. 대신 나를 공처럼 여기저기로 던지며 너희들끼리만 즐기며 날 쾌락의 도구로 삼을 뿐이잖아."

　그 말을 하자마자 다른 친구 돌고래가 다짜고짜로 복어를 입에 물고 빙빙 돌면서 물장구를 치다가 다시 또 다른 친구에게 패스를 하며 점점 더 과격하게 노는 것이었다.

　레오는 좀 걱정이 되었지만 이 재밌는 놀이에 빠질 수가 없었다. 레오가 친구들에게 소리쳤다.

"자 이제 내 차례야, 빨리 나에게 던져."

그러자 친구 돌고래가 힘차게 물 밖으로 솟구쳐 오르면서 복어를 수면 위로 던졌다. 레오도 참을 수 없다는 듯이 힘차게 물 밖으로 뛰어 오르면서 복어를 입으로 무는 순간 그만 실수로 복어의 피부가 찢어지며 독이 레오의 입 안으로 들어가고 말았다.

레오는 너무 미안한 생각이 들었지만 이내 정신이 몽롱해짐을 느끼다가 곧 정신을 잃고 수면위에 떠 있게 되었다.

얼마나 지났을까 요란한 모터 소리가 들리면서 자신이 물속에 있지 않음을 깨닫게 되었다.

마침 보트를 타고 지나가던 사람들이 돌고래가 입에 복어를 물고 기절해 있는 것을 발견하고 동물병원으로 데려가기 위해 돌고래를 보트에 태운 것이었다.

며칠이 지나 레오는 치료를 다 받고 나서 근처에 있는 아쿠아리움으로 옮겨졌다. 그곳에서 한 사육사가 레오에게 미소를 지으며 처음으로 말을 걸었다.

"안녕, 난 너의 친구 오딘이라고 해. 앞으로, 우리 친하게 지내자.

앞으로, 넌 그냥 너의 몇 가지 장기만 보여주며 나랑 즐겁게 놀면 돼. 그러면 모두가 즐거워하며 행복해질 거야."

레오는 너무 부담스러웠지만 아무 대답할 수 없었다.

동물의 왕

사자왕 제우스 황제가 후계자 아들이 없이 갑자기 죽는 바람에 동물의 왕국에서 서로 황제가 되겠다고 오랫동안 전쟁이 벌어졌다.

그 중 시베리아 호랑이의 왕 아레스와 바다악어의 왕 포르키스가 가장 강하여 치열한 공방을 벌이게 되었다. 동물들은 모두 육지와 바다의 두 파로 나뉘어 서로 사생결단의 자세로 으르렁 거리며 일촉즉발의 위기를 맞이하고 있었다.

호랑이파는 북극곰, 코끼리, 코뿔소, 늑대, 표범 등 주로 육지의 힘세고 용맹한 맹장들을 포진시키고 최전방 보초병으로 미어캣과 프레리도그를 두었다.

바다악어파는 범고래, 향유고래, 백상아리, 크라켄, 청새치 등 바다의 거대하고 날쌘 용장들을 배열시키고 최전방 보초병으로 날치와 망둥어를 두었다.

이를 하늘에서 지켜만 보고 있던 날짐승의 왕 독수리 프로메테우스는 이대로 두고 보고 있다가는 세상이 모두 멸망하고 말 것 같다고 걱정을 하며 세상을 구원해 줄 메시아를 찾아올 것을 앵무새와 공작새 그리고 까마귀에게 각각 명령하였다.

앵무새는 인간만이 이 문제를 풀 수 있는 메시아라 생각하여 찾아 갔지만 인간의 말을 할 수 없어 인간 주위를 맴돌며 답답해 하다 오히려 인간에 의해 새장에 갇히는 신세가 되었다. 이후 열심히 인간과 대화하기 위해 노력을 했지만 여전히 인간의 말을 따라하는 정도의 수준에 머물게 되었다.

공작새는 세상의 현자들을 끌어 모으면 그 중 이 난관을 헤쳐 나갈 수 있는 메시아를 찾을 수 있다고 판단하여 꼬리에 아름다운 장식을 최대한 사치스럽게 꾸며 보았다. 예상대로 많은 이들의 눈길은 끌게 되었지만 문제는 깃털이 무거워져 멀리 날 수가 없게 되었다. 결국 인간들에 의해 동물원에 갇히는 신세가 되고 말았다.

까마귀 헤르메스는 힘겹게 멀리 날아다니는 대신 한 가지 꾀를 내었다. 그리고 주위에 이렇게 말을 하고 다녔다.

"세상의 모든 생명은 존귀하고 평등하다. 그러니 누구든지 나와서 현재의 동물세계의 비극을 멈출 수 있는 좋은 안을 내어 놓을 권리가 있다."

그러자 파리지옥과 끈끈이주걱이 한마디를 했다.

"흥 세상의 모든 생명이 존귀하고 평등하다고? 그러면서 우리 식물은 늘 너희 동물들에게 뜯어 먹히거나 짓밟히거나 구멍이 뚫린 채 이용만 당하고 사는데…어처구니가 없군. 차라리 동물들이 망하길 빌겠어."

그 말을 듣고 헤르메스가 대답했다.

"하지만, 우리 동물이 없으면 너희 식물들은 수분을 못해 번식도 힘들고 동물이 다 죽고 없으면 식물도 영양분을 구할 수 없어 결국 같은 신세를 맞이하게 될 거야."

마침 지나가던 사막여우 미네르바가 한마디 했다.

"난 매일 전갈이나 뱀들과 죽고 죽이는 결투를 벌이지만 결국 우리 모두 길들어져 조화롭게 살아가고 있어. 육지와 바다는 어차피 서로 떨어져 있으니 그냥 내버려 둬도 시간이 지나면 질서가 유지

될 거야."

이 얘기를 듣고 있던 까마귀 헤르메스는 그래도 독수리왕에게 이 말만을 전달하면 실망할 것 같아 또 다른 메시아를 찾기 위해 밤낮을 가리지 않고 광야를 헤매게 되었다. 그러던 중 헤르메스는 무리를 했는지 감기에 걸려서 앓아눕게 되었다.

이때 마치 꿈속에서 누군가 말을 하는 것처럼 몽롱한 상황에서 본인에게 속삭이는 목소리가 들렸다.

"안녕, 내 이름은 바이러스의 황제 헤라클레스라고 해. 네가 메시아를 찾고 있다고 해서 너를 감염시켜버렸지. 그렇게 하지 않고는 너에게 다가갈 수도 애기를 전할 수도 없기 때문이지.

너희 동물들이 잘 모르고 있는데 모든 생명체 중에 가장 강하고 힘센 개체는 우리 바이러스 종족이지. 하지만 우리는 너희 동물들을 모두 멸망시키지 않았어. 왜냐하면 우리는 모두 공존을 통해 같이 살아갈 수 있기 때문이지.

네가 진정으로 모든 생물이 평등하고 존귀하다고 생각한다면 나를 메시아나 동물의 대표로서 동물들에게 소개하는 것이 어때?"

갑자기 정신이 돌아온 까마귀 헤르메스는 마침내 독수리 프로메테우스에게 다가가 이 헤라클레스를 메시아로 소개하고 말았다.

그리고 오래지 않아 동물의 왕국에는 다시금 평화가 찾아왔지만 결과적으로 바이러스도 같이 전달되어 가끔씩 필요(?)에 의해 창궐하게 되었다.

소년 펭귄과 갈매기

어느 날 사춘기에 막 들어선 펭귄소년 고든이 펭귄 아빠에게 물어봤다.

"아빠, 우리는 새인데 왜 날지를 못하나요?"

그러자 아빠 펭귄이 대답했다.

"글쎄다, 하지만 우리는 날지 못하는 대신 물속에서는 어느 동물보다 빨리 수영할 수 있잖니."

그러자 펭귄 소년이 "전 수영이 싫어요. 차라리 하늘을 나는 연습을 해서 다른 새들처럼 날고 말겠어요"라고 하고는 그날부터 다른 어른들을 따라 바다에 가는 대신 절벽 위에서 갈매기들이 날아오르는 모습을 보고 혼자 절벽에서 조금 떨어진 곳에서 흉내를 내며 계속 따라하고 있었다. 이 모습을 유심히 쳐다보고 있었던 갈매기 무리 중 세 마리가 다가와서 말을 걸었다.

"안녕, 난 랄프라고 해. 우리가 보니 네가 하늘을 날고 싶어 하는 것 같으니 우리가 좀 도와줄까 하는데 어때."

순간, 고든은 아빠가 늘 얘기해 주던 말을 떠올렸다.

"애야, 절벽은 위험하니 절대 올라가면 안 된단다. 게다가 갈매기들은 절대 믿을 수 있는 녀석들이 못되니 늘 조심하고 아예 상대를 하지 않는 게 좋단다."

하지만 갈매기들이 하늘을 나는 모습이 너무 부러웠던 고든은 설마 무슨 일이야 있겠어 하며 갈매기들을 따라 절벽 위를 따라 올라

갔다. 그리고 랄프와 친구들이 날갯짓을 가르쳐 준대로 힘차게 펄럭이며 나는 시늉을 내어봤는데 갈매기들처럼 몸이 떠오르지가 않았고 이에 상심해 있는데 랄프가 와서 위로해 주었다.

"고든, 너무 걱정하지 마. 우리가 널 도와줄 테니… 넌 아직 날개가 우리만큼 튼튼하지 못하니 바람을 이용해야 돼. 자 내가 먼저 시범을 보여줄게. 너는 똑같이 따라하기만 하면 돼"라고 하며 절벽에서 뛰어내렸다. 그리고는 곧 바람을 타고 하늘로 상승하는 것이 아닌가. 그래도 고든이 망설이고 있자 뒤에 있던 랄프의 친구들이 그에게 계속 용기를 내라며 등을 떠미는 것이었다.

"고든, 넌 특별한 아이야. 아마 세상에서 처음으로 하늘을 나는 펭귄이 될 거라고…그러니 용감하게 뛰는 거야 … 그러면 친구들도 널 우러러 보겠지~"

조금 망설였지만 한껏 고무가 되어 이왕 이렇게 된 거 어쩔 수 없다고 마음먹은 펭귄소년 고든은 절벽에서 힘차게 뛰어올라 날개를 최대한 빨리 움직여 보았다. 하지만 바람이 부는데도 몸은 공중에 뜨질 않고 까마득한 땅으로 곤두박질치고 말았다. 고통 속에 땅에 떨어진 고든은 피투성이가 되었고 온몸이 부러져 움직일 수도 없게 되었다. 그러자 랄프와 친구들이 내려와서 자기들끼리 하는 얘기가 죽어가는 고든에게 어렴풋하게 들렸다.

"거봐, 내가 뭐랬어. 세상 물정 모르고 무모한 녀석 중에 또 하나 걸려 들 거라고 했지…하하." 갈매기들은 그날 그렇게 손쉬운 먹이를 얻게 되었다.

별똥별

천지개벽을 지시한 하느님께서는 이 세상 죽음을 관장할 장의사를 필요로 하시었다. 이에 이 천주(天主)의 장의사는 생명이 죽고 나면 원소를 재활용하기 위해 별마다 돌아다니며 원소들을 수거해 가는 일을 시작했다. 원소들은 모두 우주의 소중한 자원이기 때문에 어떠한 죽음도 허투루 쓸 수는 없다. 주검들은 이미 다른 생명들에 의해 섭취되어 대부분 많이 재활용되거나 불에 연소되어 버리긴 했지만 남아 있는 극소수의 잔해와 함께 혼재되어 있는 지구별에서 영혼이라고 불리기도 하는 영(靈)의 기(氣)는 분리수거를 해야된다. 주기적으로 이렇게 해야만 우주의 음양이 돌아가는 에너지를 확보할 수 있기 때문이다.

수거하는 방식은 아주 간단하다. 태극(太極)이라고 불리는 커다란 자석으로 되어 있는 영혼 수거기를 지구별에 대기만 하면 영혼의 기와 어울리는 자석의 극으로 스스로 알아서 빨려 들어가기 때문이다.

예를 들어 사악한 기운은 N극으로 선한 기운은 S극 쪽으로 서로 끌어당긴다. 하지만 이런 기운은 소수에 불과했고 대부분 N극과 S극 중간쯤 어딘가에 흩어져 있다가 다시 땅으로 떨어지거나 우주 속으로 튕겨져 나갔다.

S극에 모인 기운들은 서로 인력(引力)이 발생되어 끌어당기는 힘이 되고 N극에 모인 기운은 서로 척력(斥力)이 발생되어 밀어내는

힘으로 서로 맞물려 돌게 되는 원리였다.

S극에 모인 기(氣)는 모두가 하나같이 이타적인 기운이다. 서로가 서로를 챙겨주려 하고 또 끌어안으려 하였다. 반면, N극에 모인 기(氣)는 모두가 하나같이 이기적인 기운이다. 자신만을 위하고 다른 존재나 기운을 혐오하거나 쫓아낸다.

중간 언저리에 넓게 흩어져 있는 기운들도 얼마 지나지 않아 분해되어 일부는 N극으로 일부는 S극으로 흩어져 흡수된다.

이런 과정을 반복하게 되면 이 우주의 자석은 엄청난 에너지를 얻어 힘차게 바람개비처럼 끊임없이 돌아간다. 그리하여 그 힘으로 우주 자체가 돌아가는 것이었다.

지구 땅에 떨어진 대부분의 나머지 평범한 기(氣)들은 시간이 지나감에 따라 옅어지고 흐릿하게 퍼져서 종국에는 완전히 무색무취(無色無臭)의 원초의 원소로 분리되어 다른 지구 내 성분의 하나로 변화하여 서로 합쳐져 구성되었고 우주로 흩어진 기운들은 새로운 별을 만나기까지 오랫동안 떠돌아다니고 있었다.

우주 속 영기(靈氣)들도 그러나 시간이 오랫동안 흘러감에 따라 기운은 점점 흩어져 원소화되고 있었고 일부의 원자, 원소들은 모두 새로운 별에 흡수되었다.

더러는 마지막 기운이 다 하는 순간에 아주 독특한 별에 끌려 들어가고 있었다. 이 별은 긴 꼬리를 가진 혜성이었다. 우주를 떠돌며 영겁의 시간이 흘려보낸 혜성은 이 인간의 영혼을 태운 운석이 되어 찬란하게 눈부신 빛을 발산하며 지구로 다시 복귀한다.

사람들은 그때부터 누군가의 생명이 명을 다하여 죽음에 이를 때 하늘에서 별(별똥별)이 떨어진다고들 하였다.

하이에나의 과욕

하이에나가 어슬렁거리며 걸어다니다가 우연히 초원에서 누우의 발목뼈를 하나 물고 바삐 가고 있는 여우를 발견했다. 하이에나가 급히 여우에게 다가가서 그 뼈를 내 놓지 않으면 당장이라도 너를 물어 죽이겠다고 하였다. 여우가 이에 그 뼈다귀를 내려놓으며 말했다.

"하이에나 님께서 원하시면 당연히 지금 당장 드려야지요. 하지만 하이에나 님은 초원에서 가장 용맹스럽고 힘센 맹수이시니 이런 소소한 뼈다귀 말고 저기에 보이는 누우의 사체가 아직 반쯤 남아 있으니 저런 큰 고기를 드시는 것이 어떠신지요?"라고 말했다. 하이에나가 멀리 떨어져 있지 않은 그곳을 보니 정말 큰 누우 고기가 아직 많이 남아 있지 않은가. 게다가 여우의 말에 한껏 우쭐해진 하이에나는 여우를 뼈다귀와 함께 그대로 보내고 누우의 고기를 먹기 위해 의기양양하게 다가가서 머리를 박고 고기를 먹기 시작했다.

그러자 나무 뒤에서 이미 누우의 고기 중 절반을 먹고 느긋하게 자고 있던 수사자가 잠에서 깨어나 이 광경을 보게 되었다. 그렇잖아도 예전에 하이에나 무리가 사자의 먹이를 몰래 훔쳐서 도망가 버린 이후로 하이에나를 만나기만 하면 요절을 내어 버리겠다고 벼르고 있던 참이었다.

한껏 폼을 내며 긴장을 풀고 있던 하이에나는 결국 사자에게 붙들려 목숨을 구걸하는 신세가 되어 버렸다.

늑대와 양치기 개

어느 화창한 봄 … 여느 때와 마찬가지로 양들이 평화롭게 산 아래쪽 풀밭에서 풀을 뜯고 있었다.

그 중 양 한 마리가 무리에서 약간 떨어져 꽃과 풀이 흐드러지게 피어 있는 곳에서 향긋한 냄새를 맡고 있었다. 그러자 갑자기 어디선가 늑대 한 마리가 덤불숲에서 튀어 나와 양의 뒷다리를 물었다.

늑대는 양에게 으르렁대며 양을 숲으로 끌고 가려는 순간 저만치 떨어진 곳에서 양치기 개가 큰 소리를 내며 뛰어오고 있었다. 늑대는 양을 쓰러트렸지만 양치기 개가 어느새 다가와 양의 목을 물 수 있는 기회는 없었다.

늑대는 울분에 차서 양치기개에게 사납게 으르렁거리며 말했다.

"이 줏대도 없는 놈아. 너도 예전에는 우리와 같은 늑대의 자손인데 이제는 우리를 도와주지를 못할망정 매번 야박하게 굶고 있는 우리에게 정말 이러기냐?"

그러자 양치기 개가 늑대에게 가소롭다는 듯이 짖어대며 대답했다.

"어차피 인간들이 지배한 세상에 멸종은 시간문제야. 그래서 우리 개의 조상은 인간과 공생이라는 현명한 선택을 한 거라고. 너희 늑대들은 멀지 않은 미래에 동물원에서나 볼 수 있게 될 거야 … 이 어리석은 놈들아."

늑대도 지지 않고 대들었다.

"그렇게 사는 게 공정하게 공생하고 사는 것이냐? 자유가 억압되고 늘 멸시와 조롱의 대상이 되었잖아. 이 춥고 척박하고 고된 산속에서 단 하루를 살아도 나는 너희들처럼 살고 싶지는 않다고…"

양치기 개는 대수롭지 않다는 듯이 받아 쳤다.

"뭐 처음에는 낯설고 자존심 상해서 힘들긴 했었지… 하지만 너도 한번 인간이 제공하는 맛있는 음식과 안락한 거처 그리고 귀엽게 쓰다듬어지면 머지않아 나와 같이 길들여지고 말 거야. 게다가 사실은 우리 개들도 번식과 보다 나은 삶을 위해 인간을 길들여가고 있지. 다만, 인간들은 그걸 눈치 채지 못할 뿐이야."

이렇게 옥신각신 하던 중 이미 쓰러졌던 양은 다시 일어나 무리 속으로 돌아가 버렸다. 그리고 양치기 개의 주인이 다가오는 것이 먼발치에서 보이기 시작했다. 하는 수 없이 늑대는 고개를 돌려서 덤불숲으로 재빨리 도망칠 수밖에 없었다.

양치기 개의 주인은 남아있는 양치기 개에게 칭찬을 해주며 쓰다듬어 주었고 양치기 개도 늘 그랬듯 꼬리를 흔들며 혓바닥을 내밀고 만면의 미소와 함께 주인의 품에 안겼다.

솔로몬왕의 대리자

　지혜로운 판결로 이름이 높은 사자왕 솔로몬이 점점 나이가 들어 동굴 안으로 들어가서 쉬기로 하였다.

　그러자 동물왕국에서 크고 작은 분쟁이 끊이질 않고 사자왕의 판결이 나기까지 모두 이기적으로 자신들이 옳다고 우기다가 폭력적인 방법으로 싸움이 지속적으로 일어났다.

　예전 같으면 솔로몬왕의 지혜로운 판결과 더불어 설사 약간의 불만이 있더라도 사자 대왕의 카리스마에 눌려 누구 하나 이의를 제기하는 자가 없었기 때문에 대왕이 다시 복귀하지 않으면 이런 전쟁과 같은 상황이 호전될 것 같지 않았다.

　그럼에도 불구하고 동물들은 특별한 용무가 있지 않는 한 왕을 알현할 수 없었고 꼭 필요한 경우 사자왕이 머물고 있는 동굴에 들어가기 전에 반드시 사자왕에게 허락을 맡고 들어갈 수 있었다.

　그러던 어느 날 여우 한 마리가 사자왕이 어떠한 상태인지 알기 위해 사자가 쉬고 있는 동굴로 살금살금 들어가 보았다.

　"솔로몬 대왕님, 저는 대왕님의 충실한 신하인 여우입니다. 혹시 들어가도 될까요?"

　그러나 동굴 안에서는 대답이 전혀 없었다. 약삭빠른 여우는 좀 더 동굴 깊숙이 발걸음을 옮기면서

　"솔로몬 대왕님, 혹시 어디가 편찮으신지요?"라며 물어보았다. 그래도 전혀 인기척이 없자 용기를 내어 동굴 가장 안쪽 사자왕이 있

는 곳으로 들어가 보았다.

그러자 깜짝 놀라고 말았다. 깜깜한 곳에서 자고 있는 듯이 보이는 솔로몬왕은 코를 골지도 숨을 쉬지도 않고 이미 죽어 있었던 것이다.

하지만, 약삭빠른 여우는 이 사실을 동물 왕국에 공표하는 대신 자신이 왕의 목소리를 흉내내어 볼까 궁리를 하였다.

며칠 지나지 않아 동물계의 원로 대신인 코끼리가 대왕을 알현하기 위해 찾아왔다. 그러자 여우가 동굴 안에서 사자 대왕의 목소리를 흉내내며 이렇게 말했다.

"어흥, 이제는 내가 너무 늙어 더 이상 직접적으로 판결을 할 수가 없게 되었다. 그러므로 너희들에게 나의 새로운 대리자로서 여우를 소개할 테니 오직 여우만이 앞으로 생길 모든 분쟁에 있어서 나를 대신해 판결을 내릴 것이다. 앞으로 여우의 말을 나의 명령으로 인식하여 받들도록 하여라. 이를 어길 시에는 코끼리 대신이 직접 잡아서 동굴로 데리고 오도록 하라"

"그리고, 이 동굴에는 아무도 들어와서는 안 되며 여우만이 필요 시 들어와서 나의 계시를 받고 갈 수 있다. 만약 나의 이 명을 어기고 동굴 안으로 들어올 시에는 그 자리에서 당장 죽을 것이고 결코 동굴 밖으로 살아서 나가질 못할 것이다. 알겠느냐."

코끼리 대신은 솔로몬 대왕의 명을 그대로 동물왕국에 가서 공표하였다.

여우는 자기 꾀에 모두가 속아 넘어가는 것을 보고 너무 웃기기도 하고 기분이 좋아졌다. 그 일이 있은 후로는 모든 동물들이 자신이 지나갈 때마다 고개를 숙이고 우러러 받드니 저절로 어깨가

올라가며 으쓱해졌다. 예전 같으면 무서운 육식 동물이나 힘센 초식동물들의 눈치를 보며 이리저리 피해 다니기 바빴는데 이젠 전세가 완전히 역전되어 알아서 여우에게 맛있는 음식을 가져다주는 동물들도 꽤 생겨났다.

그러나 그런 기쁨도 잠시, 골치 아프고 지겨운 청원과 판결 요청이 쇄도하였다. 하지만 여우는 뭐든 대충대충 어이없는 판결을 대수롭지 않게 해버리든지 아니면 자신에게 뭔가 이익이 남는 쪽으로 결부하여 판결해 버렸다.

한 번은 한 둥지에 들어있는 새알 세 개의 주인이 누구인지를 가리기 위해 뻐꾸기와 종다리가 재판을 요청하였다. 그러자 여우는 부모 새들의 주장은 아예 들어보지도 않고 공평하게 뻐꾸기와 종다리가 알 하나씩 가지라고 판결하였다. 그리고 남는 알 한 개는 자신이 가지기로 하니 모두들 어안이 벙벙하여 다시 재판을 해줄 것을 간청하자 여우는 다시 재판을 원한다면 알을 모두 자신이 가지고 부모새들도 아예 감옥에 가둬 버리겠다고 으름장을 놓았다.

그렇게 해도, 동물들은 여우가 사자왕의 대리자라고 철석같이 믿고 따를 수밖에 없었다. 그 중 누구 하나 의심을 품은 것을 내비치면 여우는 계속해서 동굴에 계신 왕께서 노하시기 전에 자신의 말을 믿고 충성을 다하라고 반복적으로 다그치면 그만이었다.

그리고는 하이에나 무리를 꼬드겨서 모든 동물을 감시하게 만들었다. 심지어 누군가 의심을 하고 선동하려는 듯 낌새가 보이면 충실한 하이에나를 풀어서 쥐도 새도 모르게 해치워 버렸다.

여우는 점점 더 대담해져 갔다. 이제는 코끼리 대신만 없으면 누구도 자신의 자리를 위협할 만한 것이 없어 보였다. 그래서 한 가지 더 꾀를 내었다.

　대왕께서 코끼리 대신을 오랜만에 보시기를 원하신다고 하여 동굴로 오라고 하였다. 코끼리 대신은 아무런 의심 없이 동굴 안으로 들어갔다. 그 순간 동굴 위에서 바위와 돌들이 무너져 내려서 입구가 막혀 버렸다. 깜짝 놀랐지만 코끼리는 우선 왕을 알현하기 위해 안으로 들어갔는데 이게 무슨 일인가…대왕이 단검에 찔려 쓰러져 있는 것이 아닌가. 코끼리는 왕의 옆구리에 꽂혀져 있는 칼을 있는 힘껏 뽑았다. 그리고 대왕을 흔들어 봤지만 이미 솔로몬 왕은 싸늘한 주검으로 누워 있었다.

　코끼리는 너무나 제정신이 아닌 나머지 동굴 입구에 쌓여져 있는 바위와 흙더미를 보지도 못하고 돌진하다가 정면으로 부딪혀 버렸고 그 덕분에 동굴은 뚫고 나왔지만 코끼리 대신은 중상을 입고 그 자리에 쓰러졌다. 너무 심하게 다친 듯 의식이 없이 피를 흘리며 겨우 숨만 쉬고 있었다. 하지만 긴 코에는 사자왕의 옆구리에 꽂혀 있던 그 단검을 그대로 쥐어져 있었다.

　이 소문은 삽시간에 퍼져 동물들이 하나 둘씩 모여 들었다. 모두 무슨 일인가 어리둥절했지만 평소 존경하던 코끼리 대신이었기에 동물들이 한 마리씩 와서 안부를 물어보고 눈물을 흘리면서 슬픔에 빠져 있었다.

　이때 여우가 나타나 돌무더기 위로 올라가 큰 소리로 말을 했다.
　"여기 있는 코끼리 대신이 우리 솔로몬 대왕님을 인간이 쓰는 단검으로 찔러 돌아가시게 하였다. 이 코끼리가 코에 쥐고 있는 이 피 묻은 단검이 그 증거다. 왕께서는 나에게 동물왕국을 맡기신다는 유언을 남기시며 돌아가셨다. 이제 이 대역죄인 코끼리에게 큰 벌을 내리도록 하겠다.”

“코끼리를 지금 당장 사형시켜 그 고기를 필요로 하는 동물 종족에게 나누어 주겠다. 필요가 없는 동물들은 돌아가도 좋다.”

한참을 모두 망설이고 있다가 초식 동물들은 모두 자리를 뜨기 시작했다. 그리고 역시 주저하던 하이에나들이 먼저 자기들이 고기를 차지하겠다고 달려들었다. 그러자 좀 전까지 각자 슬퍼하고 있던 치타들과 표범 그리고 리카온 무리들도 서로 더 많은 코끼리 고기를 차지하겠다고 아우성을 지르며 앞으로 나왔다. 늘 코끼리 대신을 존경해 오던 대머리 독수리들도 다른 동물들에 뒤쳐질 까봐 하늘을 가득 메우며 기회만 엿보고 있었다.

그때였다. 갑자기 정신이 든 코끼리 대신이 크게 포효(咆哮)하고 일어나더니 떠나가고 있던 초식동물들에게 외쳤다.

“여우는 거짓 대리자이다. 우리 모두 그동안 속고 있었다. 다수의 동물들은 모두 저항하라.”

이에 여우는 전세가 불리함을 깨닫고 숲속으로 줄행랑을 쳐버렸다. 여우가 사라지고 난 후 동물 왕국은 더 이상 왕을 뽑지 않았다. 대신 코끼리 대신을 중심으로 각 종족의 대표(엘리트)를 모아 필요 시 다수의 의견을 물어보고 투표로 판결을 내리게 되었다. 코끼리는 앞으로 자신을 진정한 솔로몬의 대리자이자 페르소나(Persona)인 ‘여론’이라 부르도록 정하였다.

곧바로 열린 회의에서 첫 번째 안건은 같은 동물이 다른 동물을 잡아먹어서는 안 된다는 민원이 여론에 전달되었고 이는 초식 동물의 압도적인 찬성 투표에 의해 ‘일반의지’로서 가결되었다.

그러자 육식동물들이 이것은 “다수의 횡포다”라고 반발하며 동물

나라를 떠나 버렸다.

　또 다른 며칠이 지난 후 새로운 사자의 우두머리가 육식동물을 이끌고 와서 외쳤다. "동물들은 모두 똑같이 평등하지 않다. 앞으로는 모든 것을 예전 천연의 자연상태로 다시 되돌리겠다."

　그리고 나서 곧 동물나라는 원래대로 예전처럼 약육강식의 야만(野蠻)적이지만 자연스러운 초원이 되어 버렸다. 그렇게 세월이 흐른 뒤, 동물들이 바랐던 평등은 그들 모두가 똑같이 초원의 흙으로 돌아가 실현될 수 있었다.

당신이 현재 생존해 있을 확률

우주에서 생성된 지구의 모래알보다 많은 우주의 별 중
지구에서 태어날 확률 ×
영겁(수십억년)의 세월 동안 바다가 융기하여
육지가 되고 육지가 가라앉아 바다로
바뀔 확률 ×
생명이 탄생 진화하여 소와 뱀이 물을 마시고
각자 젓과 독을 만들어 낼 확률 ×
(우음수성유[牛飮水成乳] 사음수성독[蛇飮水成毒])
수많은 남자와 여자 중에 하필 그 남자와 그 여자가 만나서
사랑을 할 확률 ×
1회 약 2~4억 개의 인간 정자 중에 단 한 마리만
살아남아 난자에 착상할 확률 ×
당신이 사고로 또는 죽음에 이르는 병에 걸리지 않고
지금까지 살아 있을 확률

- -

= 상기의 모든 것을 곱한 것들 분에 1

분류를 통한 철학 사조
(철학자의 생몰연대 기준으로 나열)

	주요 철학 사조	주요 철학자명	모든 존재의 원인 (존재론)			인식을 통한 판단 (인식론)		
			신 또는 무신 또는 모름	범신(자연)론 vs. 특정신 여부	기원(원동자) 또는 원리의 종류	성악 vs. 성선 vs. 염세	관념(이성) / 경험(실증) / 유물	진리(신)와 인간 (윤리, 정치) 관계
1	밀레투스 학파	탈레스			물 ~ 근본물질			
2		아낙시만드로스	자연신 (원존자)	범신론	아페이론 ~ 모든 존재의 원인			알 수 없지만 무한한 존재
3	도가	노자	자연신 (원존자)	범신론	도(道) ~ 스스로 그러한 것	무(無)		덕(德), 무위자연 (無爲自然)
4		피타고라스			수(數) ~ 근본적 원리			영혼윤회설, 인과응보 (인도에서 유래)
5	불교	석가모니				금욕주의		영혼윤회설, 인과응보, 만민평등사상, 정진/참선만이 득도의 길
6		크세노파세스		유일신(묘사할 수 없음)				
7	유가	공자	절대자 (하늘, 순리)	하늘을 절대적 신으로 삼음		성선설		인의(仁義), 충효(忠孝), 수기치인(修己治人) -수신제가 치국평천하 (修身齊家 治國不天下)
8		헤라클레이토스			불 ~ 근본물질			
9	엘레아 학파	파르메니데스	모름		일원론			유무(有無)만 명확히 인식 가능
10		아낙사고라스			누스(nūs) ~ 세계정신, 우주영혼			종자설 ~ 모든 사물의 근본 물질
11		엠페도클래스	무신(無神)		자연발생. 이후 진화가 되었음.			만물 자연발생설. 최초 진화론

	주요 철학 사조	주요 철학자명	주장한 논리 및 법칙	생몰 연대(추정)	필자 사유 및 의견(Remarks)
1	밀레투스 학파	탈레스		BC624~546	서양에서 철학의 아버지(시초)라 불림
2		아낙시만드로스	불생불멸(不生不滅), 무시무종(無始無終)	BC610~546	노자의 도(道) 와 유사개념
3	도가	노자	범신(자연)론의 시조. 자연이 생성된 본원의 동력(본질)에 대해 최초로 규명 및 소개.	BC580~500	자연을 있는 그대로 고찰하여 이치와 원리를 발견 그러나, 인위와 무위를 너무 구분하여 혼돈 초래
4		피타고라스	우주를 질서(비례)와 조화의 의미인 Cosmos라 칭함	BC580~500	일부 자연 법칙 발견 및 접근
5	불교	석가모니	해탈을 통해 열반에 이르러 윤회의 사슬을 끊고 궁극적 지혜를 얻어 영원한 평화에 도달	BC563~483	직관과 인식을 통해 바른 삶과 해탈을 행하는 현실적인 사상이지만 이후 너무 신비(종교)화 됨
6		크세노파세스	신은 유일하고 전능하다고 주장. 미신 배격.	BC560~478	신화에서 벗어나 유일신 개념 착안
7	유가	공자	휴머니즘을 강조한 인(仁)이 밖으로 표출된 것이 예(禮)이며 임금과 신하 아버지와 자식이 각자의 본분에 맞게 예(禮)로써 행동해야 도덕적이고 이상적인 사회가 이루어짐	BC551~479	공자 본인이 의도했는지는 확실치 않으나 특권층이나 지배층의 권리를 공고화시키고 지나치게 사회를 격식화 계급화 시키는 불합리를 초래함
8		헤라클레이토스	모든 것은 변함. 모든 발전은 대립적인 여러 힘의 상호 투쟁과 화합을 통해 이루어짐	BC535~475	일부 중요한 자연 법칙 발견 및 접근
9	엘레아 학파	파르메니데스	유(有)가 무(無)에서 생성될 수 없음. 보이지 않는 신, 천사 등은 존재할 수 없음.	BC515~445	철학의 기본인 존재의 명확성 및 실증 가능 여부 등을 중시. 다만, 사물의 변화성을 부정하는 오류
10		아낙사고라스	누스 ~ 최초의 일격을 가하는 원동자로서 정신적인 원리	BC500~428	원동자를 우주정신인 누스 개념으로 설명. 태양신을 부정(불타는 돌덩이). 달이 태양빛 반사 주장.
11		엠페도클래스	불생불멸(不生不滅) 4가지 원소 (물, 불, 공기, 흙) - 쪼갤 수 없는 궁극적 요소.	BC490~430	4가지 원소가 사랑과 미움에 의해 혼합 분리된다는 황당한 주장. 하지만 최초의 진화론적 사고.

	주요 철학 사조	주요 철학자명	모든 존재의 원인 (존재론)			인식을 통한 판단 (인식론)		
			신 또는 무신 또는 모름	범신(자연)론 vs. 특정신 여부	기원(원동자) 또는 원리의 종류	성악 vs. 성선 vs. 염세	관념(이성) / 경험(실증) / 유물	진리(신)와 인간 (윤리, 정치) 관계
12	소피스트	프로타고라스						진리와 정의에 대한 객관적 가치 기준 부인. 인간척도 론 제창.
13		고르기아스				종교적 회의주의 (懷疑主義)		불가지론(不可知論) 적 회의주의(懷疑主 義)
14	묵가	묵자	절대자 (하늘, 순리)				추상적 관념보 다 경험과 법집 행의 검증을 통 해 공공의 판단	사랑(겸애[兼愛])
15		소크라테스	신 (보편적 의미)	신과 인간은 주종 관계				무지(無知)의 지(知) 절대적 진리와 보편 적 이성 믿음
16		데모크리토스	무신(無神)		원자~빈 공간에 원자만 존재	쾌락주의		사후세계(천국, 지옥) 부정. 쾌락주의 윤리.
17	키레네 학파	아리스티포스				이후 염세주의로 발전		쾌락이 최고의 선
18		플라톤	절대자 (선의 이데아) 데미우르고스 ~ 우주 형성자, 제작자	초월적인 유신 론	이데아(idea) ~ 사물의 원형이며 실현되어야 할 이상		관념을 통한 인지 최초의 관념주의자	영혼불멸설. 현실보다 이상세계 (이데아) 중시. 철인 정치(우민 민주 주의 경계)
19	키니코스 (견유) 학파	디오게네스						아나키즘

	주요 철학 사조	주요 철학자명	주장한 논리 및 법칙	생물 연대(추정)	필자 사유 및 의견(Remarks)
12	소피스트	프로타고라스	정의란 오직 강자의 이익에 불과 하다. 상대주의. 인간이 만물의 척도이다. 보편타당 한 지식은 있지 않다.	BC485~410	모든 것을 의심하고 상대적으로 바라보는 관점은 좋은 철학적 자 세. 보편적 진리를 찾는 노력 부 족.
13		고르기아스	영원이 존재하는 것은 없고 인간 의 능력으로 알 수 없다. 지금 알고 있는 지식도 끝없이 부 정되면서 새로운 지식들로 대체될 것임.	BC483~376	철학자로서 인간의 무지(無知)함 을 깨달음. 윤리의 가치마저도 의심을 가지고 합리적으로 따져볼 수 있게 유도.
14	묵가	묵자	하늘의 뜻은 차별을 없애고 서로 를 사랑하는 것. 인간의 이기심, 탐욕을 줄이기 위해 검소, 전쟁반 대, 겸애 등 주장	BC480~390	약자의 입장을 대변하고 서로 사 랑하라고 한 것은 예수의 주장과 유사 .
15		소크라테스	모든 진리는 무지를 지각하는 사 람에게만 파악된다. 그런 사람만이 지혜를 열렬히 사랑하게 됨 → 애지자(愛智者)	BC470~399	모든 진리의 기초를 도덕에 두었 는데 서양과 동양의 윤리적 철학 이 일치하는 부분이다.
16		데모크리토스	모든 것은 원자의 활동에 의한 것. 또 모든 존재자 안에들어 있는 자 신의 기계적인 법칙성에 의해 끌 려가는 것	BC460~370	자연 과학적 사고방식을 철학에 접목. 쾌락주의(에피쿠로스) 등에 영향. 생명경시, 퇴폐주의 낳음
17	키레네 학파	아리스티포스	쾌락은 정신적, 물질적, 육체적 쾌 락을 포함	BC435~355	쾌락에 대해 본격 사유. 지나친 쾌 락의 휴우증을 간과
18		플라톤	비록 현실세계에 많은 문제점이 있다 하더라도 인간은 도덕적 이 상을 추구해야 한다. (현실과 이데 아의 이원론) 이데아를 추구하는 이분법적 이상 주의자	BC427~347	서양철학을 지배했던 이원론적(이 상과 현실) 세계관 최초로 확립. 이후 종교적 개념에도 많이 활용 됨 지나친 이상주의, 국가 전체주의 (개인 자유 간섭)
19	키니코스 (견유) 학파	디오게네스	원래 자연은 인간이 아무것도 갖 지 않아도 살아가도록 창조. 보편 적 이성이 있으므로 법이나 국가 가 필요 없음	BC412~323	현자를 찾기 힘들어 대낮에 등불 을 들고 다님 최초의 아나키스트

	주요 철학 사조	주요 철학자명	모든 존재의 원인 (존재론)			인식을 통한 판단 (인식론)		
			신 또는 무신 또는 모름	범신(자연)론 vs. 특징신 여부	기원(원동자) 또는 원리의 종류	성악 vs. 성선 vs. 염세	관념(이성) / 경험(실증) / 유물	진리(신)와 인간 (윤리, 정치) 관계
20	소요학파	아리스토텔레스	신 ~ 스스로 존재하는 자 제1질료, 부동의 동자	내재적 범신론~눈앞에 보이는 개개의 사물이 참다운 실재이자 실체	질료의 질료 ~ 형상의 형상 순수한 제1형상 (정신적 존재) 질료를 움직이는 부동의 동자		이성과 물리학적 탐구를 동시에 추구하는 현실에 충실한 체계적 사상가	이데아 부정. 대신 형이상학 개념 도입(존재론, 신학). 이성을 중시. 정치적 동물~공동체 윤리(법, 도덕) 바탕으로 정치. 개인 중시.
21	유가	맹자	절대자 (하늘, 순리)			성선설		왕도정치(王道政治) 실현
22		고자				성무선악설 (性無善惡說), 쾌락주의		정신적, 지속적 쾌락주의 성무선악설~로크 백지설과 유사
23	도가	장자	자연신 (원존자)	범신론	도(道) ~ 스스로 그러한 것	무(無)		만물제동(萬物齊同)
24	회의 (懷疑) 학파	피론				회의론		세상에 객관적 정의는 없다.
25	에피쿠로스	에피쿠로스	무신 (절대자 부정)		원자론~빈 공간에 원자만 존재 신이 있다면 완전한 존재가 불완전한 세계를 창조할 이유 없음 죽음~육체의 원자가 흩어지는 것	쾌락주의		인생의 목적~행복 정신적 쾌락을 숭시 (절제, 고요) 아타락시아~안정된 마음의 상태
26	스토아 학파 (금욕주의)	제논			로고스~신의 이성(질서와 조화) 이성~인간을 지배하는 법칙 근본원소~불(헤라클레이토스) 아파테이아~평정한 부동심	금욕주의		자연과 일치되고 순응하는 삶 우주가 로고스를 따르는 것처럼 인간은 이성에 따른 실천 강조 아파테이아~불가의 해탈과 유사 엄격한 금욕주의~기독교에 영향

	주요 철학 사조	주요 철학자명	주장한 논리 및 법칙	생물 연대(추정)	필자 사유 및 의견(Remarks)
20	소요학파	아리스토텔레스	초월적인 이데아를 쫓아갈 것이 아니라 타고난 능력을 잘 계발해 나가면 최고의 경지와 행복에 도달할 수 있다. 세계의 모든 것은 유기적으로 서로 연관되어 어떤 목적을 향해 무한히 발전해 가는 과정 → 이후 헤겔 사상과 유사 정치체제~국민과 시대의 구체적 필요에 합치	BC384~322	사실상 모든 철학적 Agenda를 모두 다루었고 철학적 사유로 도달할 수 있는 합리적 주장 도출. 노자의 범신론이나 도(道) 개념과도 유사. 양극단의 정치를 피하기 위해 중간계급이 나라의 중심에 서도록 하는 방식 제안 ~ 민주주의+귀족주의
21	유가	맹자	공자의 인의예지(仁義禮智)를 선험적(인간본성)으로 보았으며 사단지심(四端之心)으로 더 체계화시킴.	BC372~289	맹목적인 성선설이라기보다는 착한 심성과 악한 본능을 같이 가지고 태어나나 인간의 노력이 중요
22		고자	인간의 본성에 선(善)과 불선(不善)의 구분이 없다고 주장 사람이나 동물이나 모두 동일한 본질을 지닌 욕망의 존재	맹자와 동시대	성악설이나 성선설에 비해 합리적 과학적 접근 에피쿠르스 학파의 쾌락주의 주장과 연대가 유사
23	도가	장자	만물에는 이미 완벽한 형태의 질서가 깃들어 있음.	BC369~289	노자의 도(道) 사상을 확대 보급시킴
24	회의(懷疑)학파	피론	지식이란 사물과 우리 안의 주관과의 관계에 불과	BC360~270	데모크리토스와 소피스트의 영향을 받은 듯함
25	에피쿠로스	에피쿠로스	우리에게 행복을 가져다 주는 것이 쾌락(즐거움) 도덕이라는 것도 그 자체가 목적이 아니라 모든 사람에게 즐거움을 주기 위한 수단 국가 역시 개인들의 편리를 위해 존재	BC341~270	키레네 학파의 쾌락주의와 달리 짧고 강력한 육체적 쾌락 보다는 약하지만 길게 가는 정신적 쾌락을 더 추구함~헛된 망상과 미신에 대한 공포심을 없앰 전체보다 개인(쾌락)이 우선
26	스토아 학파 (금욕주의)	제논	우주를 지배하는 신의 이성 즉 로고스 개념 제시 행복이 쾌락에서 나오는 것이 아니라 인간의 본성이 이성이기에 이에 따라 덕을 행하는 것이 행복이다. 육체, 영혼, 신을 포함 모든 것을 물질로 보는 유물론~이후 제자들에 의해 영혼이 육체와 구별되고 우위에 있다 주장	BC335~263	노자의 무위자연(無爲自然) 사상과 상통 로고스 또한 도(道)와 유사한 개념 다만, 노자가 인위와 무위로 구분한데 비해 이성을 로고스에 빗대어 객관적 이치로 설명~모든 인간은 보편적 이성을 갖는 형제자매~세계주의, 인류애

	주요 철학 사조	주요 철학자명	모든 존재의 원인 (존재론)			인식을 통한 판단 (인식론)		
			신 또는 무신 또는 모름	범신(자연)론 vs. 특정신 여부	기원(원동자) 또는 원리의 종류	성악 vs. 성선 vs. 염세	관념(이성) / 경험(실증) / 유물	진리(신)와 인간 (윤리, 정치) 관계
27	유가/법가	순자	절대자 (하늘, 순리)			성악설		신분의 귀천 구분~ 안정된 사회 군주 통치권 강화 (강력한 법질서)
28	법가 (法家)	한비자				성악설		강력한 법질서 확립. 왕권 강화.
29	기독교	예수	유일신 (唯一神)	여호와 하나님		성악설 (원죄설)		현세보다 내세 중시~ 피지배 계층, 가난하고 억눌린 자, 고통받는 자에게 내세의 소망을 가지게 함. 재산 공유주의. 유일신 신앙 사상
30	교부 철학	아우구스티누스	유일신 (唯一神)	여호와 하나님		성악설 (원죄설)		기독 신앙 사상
31	성리학	주자	절대자 (하늘, 순리)			성선설		유가 사상 강화 사서오경~유가 집대성
32	스콜라 철학	토마스 아퀴나스	유일신 (唯一神)	여호와 하나님	보편적인 신개념 도입 ~ 기독교의 여호와 하나님과 같은 의미로 사용	성악설 (원죄설)	이성을 통해 신에 대한 존재를 증명코자 함 ~ 다섯 가지 신의 존재 증명	기독 신앙 사상 군주제 지지~각 나라의 왕은 교황에게 복종해야 됨
33		마키아벨리				성악설		통치자의 처세술 원칙 도출(군주론)
34		브루노		범신론				
35	경험론	베이컨	무신~천사, 신 개념 허황된 것				경험론(실증 중시)	자연을 정복(?)하기 위하여 인류의 진보에 필요한 과학적 접근 시작~귀납법

	주요 철학 사조	주요 철학자명	주장한 논리 및 법칙	생물 연대(추정)	필자 사유 및 의견(Remarks)
27	유가/법가	순자	인간본성 자체를 이기적인 욕망체로 전제. 하늘과 인간과의 수직적 주종관계를 벗어나 독립적 행위 주체로 봄.	BC313~238	제자인 한비자 등을 통해 법가 사상으로 진행 백성을 두렵게 다스려야 한다~마키아벨리와 유사
28	법가(法家)	한비자	군주가 인의와 도덕으로 백성을 다스리는 것은 어리석은 정치. 부국강병을 위해 강력한 통제와 사회질서 필요.	BC280~233	백성을 두렵게 다스려야 한다고 주장은 마키아벨리의 군주론과 유사. 약육강식 속 투쟁을 강조.
29	기독교	예수	구원자(메시아) 이념 활용. 인류는 하나님 앞에 모두 평등 하며 내면적 신앙 강조. (천국은 마음속에 있다.) 선악 사상으로 이분화 시킴과 동시에 "원수를 사랑하라"는 박애주의 사상 동시에 주장. 전능한 하나님 앞에서 자신의 미약함을 깨닫는 겸허의 덕을 강조	기원~33	자신을 메시아로 주장하며 자신을 믿고 따르면 구원을 받을 수 있다는 신앙 사상으로 설파. 이후 유럽과 서양에서 통치자와 기득권층의 통치 질서 유지를 위해 활용됨 ~ 법가만 받아들인 진시황의 분서갱유처럼 기독교 외에 대부분의 철학과 사상을 배척함
30	교부 철학	아우구스티누스	플라톤 철학의 이데아론을 빌려와 천국과 현실 세계로 이해하고자 함. 영혼과 육체 분리(이분법적 사고)	354~430	교리를 공고히 하기 위해 종교에 철학을 가미하려 시도
31	성리학	주자	도교의 도(道)와 덕(德)처럼 우주 만물이 이(理)와 기(氣)로 이루어진다고 주장	1130~1200	도가의 도덕(道德) 사상 차용 유교에 도교와 불교 접목하여 집대성.
32	스콜라 철학	토마스 아퀴나스	아리스토텔레스 철학을 신학에 끌어들여 교리에 합치시키려 함. 이성으로 밝힐 수 없는 초자연적 교리는 신학의 영역으로 그대로 둠. 철학을 활용해 신학의 합리화 시도.	1224~1274	교리를 논리적으로 논증키 위해 철학(신학의 시녀) 적극적 도입. 아리스토텔레스의 논리를 강화시켜 신의 존재 증명. 하지만 보편신과 기독신을 구분하지 않음.
33		마키아벨리	국가 간 약육강식 존재. 통치자는 목적을 위해 수단과 방법을 가려서는 안 됨.	1469~1527	정치와 도덕을 구별. 종교적 관점에서 탈피. 국가 간에는 현실적 힘의 원리가 지배함을 주장.
34		브루노	지동설 주장. 범신론을 고집하다 종교재판으로 화형당함	1548~1600	범신론의 재등장
35	경험론	베이컨	먼저 우리의 사유에서 모든 편견이나 맹목적 오류 제거 (의인화, 동굴 우상, 일상 언어 속 우상, 인습의 우상 등) 자연 현상을 관찰 그 결과를 토대로 실험 반복	1561~1626	모든 편견을 배제하려는 이성적 자세 경험과 관찰을 중시하는 과학적 접근

	주요 철학 사조	주요 철학자명	모든 존재의 원인 (존재론)			인식을 통한 판단 (인식론)		
			신 또는 무신 또는 모름	범신(자연)론 vs. 특정신 여부	기원(원동자) 또는 원리의 종류	성악 vs. 성선 vs. 염세	관념(이성) / 경험(실증) / 유물	진리(신)와 인간 (윤리, 정치) 관계
36		홉스	유일신 (唯一神)		스스로 존재하는 자 여호와 하나님	성악설	경험론적 주장 ~ 철학 이란 관찰된 결과로부터 그 원인을 인식	만인의 만인에 대한 투쟁~사회계약설 이끌어냄
37	합리론	데카르트	신 (보편적 의미)		신 ~ 스스로 존재, 영원불변 인간의 이성도 신의 이성의 일부		합리론 (이성 중시)	선천적 인식능력인 이성을 중시~연역법 수학을 보편타당한 학문으로 간주
38		스피노자	자연신 (원존자)	범신론 (실체= 신=자연) 모든 것은 신이다.	스스로 존재하는 것 일자(一者) 또는 무한자		관념과 연장(물체)이 동일한 하나의 존재(일원론)	인간의 자연법칙은 이성
39	경험론 / 계몽주의	로크	신 (이신론 [理神論])		신~최초의 궁극적 원인. 현재의 운행에 대해서는 신의 개입(신의 기적. 계시 등) 부정	성선설	인식의 기원이 타고나는 것이 아니라 경험에서 유래	본유관념 부정~백지론 권리장전~국가권력 분립, 개개인의 자연권(개인의 권리) 계몽적 진보적 교육관과 자유주의
40	합리론	라이프니츠						예정조화론 (합리적 형이상학)
41	계몽주의	라이마루스	신 (이신론 [理神論])					이성에 대한 존중
42	유물론	라메트리	무신(無神)					종교가 가장 나쁜 삶의 교란자 육체와 정신은 하나
43	계몽주의	루소	자연종교			성선설		사회 계약론

	주요 철학 사조	주요 철학자명	주장한 논리 및 법칙	생몰 연대(추정)	필자 사유 및 의견(Remarks)
36		홉스	인간(모든 생명체)은 이기적 존재. 사람들 간 약육강식을 탈피하기 위해 법과 국가(절대군주제)가 필요.	1588~1679	국가권력에 종교 배제 종교를 배제하고 인본주의 (인간중심)로 회귀
37	합리론	데카르트	사유를 통해 의심할 수 없는 원리를 우선 파악~사유의 주체는 "나"이다. 스스로 존재하는 영원불변한 실체는 신. 정신과 물체는 서로 분리되어 독립적이다. (이원론)	1596~1650	베이컨과 마찬가지로 이성적 사고에서 편견 제거하고 모든 것에 회의를 품는 철학의 자세로 회귀
38		스피노자	관념과 연장은 서로 다른 실체가 존재하는 것이 아니라 두 가지 양상을 통해 관찰되는 하나의 실체가 있는 것 인간의 행동 또한 자연현상과 마찬가지로 불변의 법칙을 따를 수밖에 없다.	1632~1677	동양의 노자와 부처의 사상이 영향을 주었을 것으로 추측됨. 신의 존재와 기원에 대해 다시 사유 ~ 범신론
39	경험론 / 계몽주의	로크	우리의 모든 의식은 밖에서부터 받아들인 외적 경험이나 또는 그것을 가공한 내적 경험, 둘 중 하나이다. 외부의 인상을 복사한 단순관념에 오성을 결합하면 복합관념이 됨	1632~1704	아무것도 없는 의식에서 후천적인 경험이 더해 관념이 생김을 주장~원천적으로 내재된 선험적 인식이 존재하는지 여부는 명확하지 않음. 권력분립~이후 몽테스키외가 삼권분립으로 계승
40	합리론	라이프니츠	신은 단자들이 각각의 법칙을 지켜나가면서 전체적으로 완전한 일치에 도달하도록 미리 설계해 놓았다.	1646~1716	기독교적 세계관에 도움
41	계몽주의	라이마루스	하나님은 이성적으로 꿰뚫어볼 수 있는 세계질서를 통해 자신의 목적을 달성하고 있기 때문~기적과 계시 부정	1694~1768	기독교를 완전히 부정하지는 않는 이신론[理神論]자로서 유물론, 무신론과 싸웠음
42	유물론	라메트리	첫째, 세계가 스스로 움직이므로 그 원리가 하나님이라 가정할 필요 없음. 둘째, 정신활동 역시 신체 기능의 일부	1709~1751	이후 유물론자인 카바니스~학문이 해야 할일은 인간에게 괴로움 가져오게 하는 모든 거짓을 없애는 것
43	계몽주의	루소	문명이 자연적 인간생활을 왜곡시켜 사회적 불평등 조성 이를 해소하기 위해 투표를 통한 사회적 합의인 사회계약 필요	1712~1778	인간의 정상적 발달을 방해하는 모든 사회생활의 영향을 줄이기 위해 교육도 소극적인 역할을 하는데 그쳐야 한다고 주장. 관습과 규칙보다 자연적인 것 선호

	주요 철학 사조	주요 철학자명	모든 존재의 원인 (존재론)			인식을 통한 판단 (인식론)		
			신 또는 무신 또는 모름	범신(자연)론 vs. 특정신 여부	기원(원동자) 또는 원리의 종류	성악 vs. 성선 vs. 염세	관념(이성) / 경험(실증) / 유물	진리(신)와 인간 (윤리, 정치) 관계
44	비판철학 / 관념론	칸트	신이 존재 여부는 이론적으로 알 수 없음. 다만, 도덕을 위해 필요로 됨.		신~증명도 할 수 없고 반대되는 증명도 할 수 없다		인간의 인식능력인 순수이성에는 선험적 감성과 오성이 존재하며 이들이 시간과 공간을 조합하여 물질과 관념을 연결시킴	순수이성비판~인간 인식에 대한 사유: 인식은 감성과 오성의 결합 실천이성비판~인간 도덕에 대한 사유: 선의지 여부 정언명령으로 판단
45	공리주의	벤담				쾌락주의		최대 다수의 최대 행복 공중적 쾌락주의
46	관념론	헤겔	절대자(신)	범신론 (신=자연)	절대정신 (=신)		객관적인 세계 정신 안에서 사고와 존재와 진리는 일치	절대정신이 나타나는 최고의 형태는 철학이다. 변증법적 3단계~존재의 발전논리
47		셸링	절대자(신)	범신론 (신=자연) 신이 밖으로 드러난 것이 이른바 세계다	절대자란 그 스스로 존재할 때는 하나이지만 현상으로 나타날 때는 정신과 자연으로 나눠진다.		자연과 정신, 객관과 주관이 실제로는 똑같다. 인간의 정신이라는 것도 자연에서 생겨났다.	존재에 정신의 비중이 많으면 많을수록 그만큼 더 높은 단계에 있는 셈
48	염세주의	쇼펜하우어				염세주의		쾌락이나 행복은 고통의 부재(不在)에 지나지 않는다.
49	유물론	포이어바흐	무신(無神)				인간을 물질적 존재로 봄	인간학적(대상) 유물론
50	실존주의	키르케고르	유일신 (唯一神)	기독신앙 (여호와 하나님)			보편적 관념 (이성) 부정	개인주의 불안과 절망이 인간을 신앙으로 몰고 가는 힘.

	주요 철학 사조	주요 철학자명	주장한 논리 및 법칙	생몰 연대(추정)	필자 사유 및 의견(Remarks)
44	비판철학 / 관념론	칸트	이성 인식(관념)과 도덕이 이루어지는 현상에 대해 합리적인 철학적 사유로서 표현. 모든 종교는 도덕적 이성으로 검증을 받아야 함 덕을 행하고도 불행해지지 않기 위해 신을 인정해야 함	1724~1804	기존의 철학을 정리 선택하여 본인의 논리에 적용 기독교만이 도덕적 완성을 이룬 유일한 종교라고 언급~철학적 한계를 표출한 대표적 사례
45	공리주의	벤담	인생의 목적은 쾌락(행복). 개인의 차원에 머물러서는 안 되며 여러 사람과 연결되어야 한다.	1748~1832	쾌락주의를 개인에서 벗어나 다수의 행복을 위해 활용 및 발전시킴. (vs. 밀~질적 공리[쾌락]주의)
46	관념론	헤겔	역사란 객관적 정신이 전개해 가는 과정이고 그 목적은 자유의식의 진보다. 이러한 목적을 달성하기 위해 개인을 도구로 사용한다.	1770~1831	신이 자연에서 뿐만 아니라 역사 속에서도 절대정신으로서 보여주고 존재하고 있음을 간파함
47		셸링	자연은 눈에 보이는 정신이요, 정신은 눈에 보이지 않는 자연이다. 자연이란 아직 성숙하지 못한 지성일 뿐. 이러한 단계를 벗어나 이성이라는 최고 목표에 도달할 때까지 자연은 진화를 거듭해 간다.	1775~1854	노자에서 시작되어진 범신론적 관념이 셸링에 의해 가장 확실하고 구체적으로 완벽에 가깝게 정리되어 묘사되어짐. 즉 세계 그 자체가 이미 신의 모습을 나타내고 있음.
48	염세주의	쇼펜하우어	관념(사유와 인식) 외에 의지에 의한 체험도 존재. 인간은 논리적 사유 외에 맹목적 의지의 충동을 받는다. 의지란 본능을 포함한 욕망에 가까운 의미. 인생을 고해(苦海)로 봄. 불교적 해탈과 열반 강조	1788~1806	불교(인도 철학)에 심취. 칸트를 받아들이는 한편 헤겔(절대정신)에 반발.
49	유물론	포이어바흐	신이 인간을 창조한 것이 아니고 인간이 신을 창조했다.	1804~1872	종교의 환상에서 벗어나 행동하는 가운데 소망 실현
50	실존주의	키르케고르	인간의 구체적인 삶 자체에 관심. 삶을 객관화 할 수 없음. 진리란 객관적이거나 보편적인 것이 아니고 나 자신에게 해당하는 개별적 진리가 중요.	1813~1855	특정상황에 있는 각 개인의 주체적 진리에 주목~ 개인 선택의 중요성. 사회와 세계에 대한 관심 적음.

	주요 철학 사조	주요 철학자명	모든 존재의 원인 (존재론)			인식을 통한 판단 (인식론)		
			신 또는 무신 또는 모름	범신(자연)론 vs. 특정신 여부	기원(원동자) 또는 원리의 종류	성악 vs. 성선 vs. 염세	관념(이성) / 경험(실증) / 유물	진리(신)와 인간 (윤리, 정치) 관계
51	유물론 / 공산주의	마르크스	무신 (無神)				인간을 물질적 존재로 봄 개인은 전체의 한 부분	변증법적 유물론 (헤겔의 영향) 종교는 대중의 아편
52	공리주의	스펜서						내적이고 도덕적인 규제 최대의 쾌락~도덕을 지켜야 달성
53	동학사상 / 천도교	최제우	한울 (하느님과 동일)	범신론	무극대도 (無極大道)의 천도(天道)	중도(中道)	불연기연 (不然其然) 사상	인간 평등과 존중 사상 천도 사상으로 종교화
54	생철학	니체	기독교 신 부정 ~신은 죽었다.			운명에 대한 사랑(아모르 파티)을 주장함으로써 염세주의와 차별	세상의 진실은 존재하지 않고 오직 주관적인 해석만이 존재할 뿐이라 주장	기존의 도덕과 종교 (기독교) 부정 세계의 모든 과정은 힘에서 나온 것 영겁회귀와 윤회 사상(불교 영향)
55	정신 현상학	프로이트					무의식의 발견 꿈의 해석 시도	무의식의 정신분석 ~리비도(성욕), 강박, 망각, 히스테리, 카타르시스 등
56	현상학 / 실증주의	후설					실증주의	객관적 진리 자체 직관
57	실존주의	야스퍼스	신 (보편적 의미)					모든 것을 받아들이려는 관용의 태도 중요
58	실용주의 / 논리실증	제임스			인간은 세계와 우연한 접촉	성무선악설 (性無善惡說)	경험론	세계는 어느 하나의 원리가 아닌 다원적인 성격. 종교는 교육적임.
59	생철학/ 과정철학	베르그송					직관론	엘랑비탈(élan vital, 내재된 생명의 힘)에 의한 창조적 진화

	주요 철학 사조	주요 철학자명	주장한 논리 및 법칙	생물 연대(추정)	필자 사유 및 의견(Remarks)
51	유물론 / 공산주의	마르크스	인간 사회의 발전 역시 점진적으로 어느 단계에 도달하면, 갑자기 질적인 변화(계급투쟁)를 가져온다.	1818~1883	노동력에 의한 생산물인 물질(돈)에 의해 도리어 자유와 행복을 말살당하고 마는 현실 개탄
52	공리주의	스펜서	다른 사람에게 이익을 주고 자기에게는 만족을 주는 일 사회가 진화 할수록 쾌락은 도덕과 일치하는 방향으로	1820~1903	자아와 이타(利他)의 조화(유가 사상과 상통)
53	동학사상 / 천도교	최제우	시대의 흐름은 모두 한울님의 뜻으로 흘러갈 것이고, 그것은 흥망성쇠와 같은 우주의 법칙이다. 유가의 인의예지(仁義禮智)에 수심정기(守心正氣)를 추가	1824~1864	도교, 불교, 유교, 천주교 등의 철학을 모두 연구하여 동학사상 창시 - 범신론적 가치관
54	생철학	니체	쇼펜하우어의 맹목적 의지를 발전시켜 힘(권력)에의 의지 사상 도입~이 의지는 당연한 것이며 오히려 운명에 대한 사랑(아모르파티)으로 승화시킬 때 초인(위버멘쉬)이 될 수 있다. 이를 위해 기존 노예도덕(평등, 수평)을 버릴 것	1844~1900	역사의 정반합처럼 철학에서도 다시금 기존 질서에 대한 비판 및 부정 등장. 인위적 도덕(종교)에서 벗어나야 하며 자연적 약육강식의 원칙이 인간에게도 적용되어지고 있음을 강조
55	정신현상학	프로이트	인간의 행동이 합리적으로만 이루어지는 것이 아니라 다양한 무의식이 그 행동과 질서를 규정한다. 인격의 세 가지 단계~이드, 자아, 초자아	1856~1939	철학이 놓치고 있었던 과학적 정신분석 시도
56	현상학 / 실증주의	후설	의식을 근원적 직관으로 되돌리고자 하는 것이 현상학	1859~1938	다시금 동양철학적 사유를 가미
57	실존주의	야스퍼스	실존이란 삶과 정신이 합쳐진 것 ~ 실증주의 + 관념론 현존재(인간)가 포괄자에 도달하기 위해 초월 개념 도입	1883~1969	진정으로 신을 발견한 사람은 없다. 그러나 계시는 철학적 탐구로서 초월함으로써 좀 더 가까이 다가감
58	실용주의 / 논리실증	제임스	다이너미즘~이 세계는 완결된 것이 아니라 끊임없는 생성과정. 세계는 선한 것과 악한 것의 복합체~개선 가능.	1842~1910	기존의 철학에서 유용한 부분을 취사선택
59	생철학/ 과정철학	베르그송	직관이란 지속을 끊임없이 따라잡으려고 역동적으로 움직이는 인식 능력	1859~1941	이성과 경험보다는 직관을 중시. (도가 사상과 유사) 이후 질 들뢰즈가 노마드 개념으로 발전시킴

	주요 철학 사조	주요 철학자명	모든 존재의 원인 (존재론)			인식을 통한 판단 (인식론)		
			신 또는 무신 또는 모름	범신(자연)론 vs. 특정신 어부	기원(원동자) 또는 원리의 종류	성악 vs. 성선 vs. 염세	관념(이성) / 경험(실증) / 유물	진리(신)와 인간 (윤리, 정치) 관계
60	실용주의 / 도구주의	듀이					경험론	사고나 관념이란 더 나은 민주사회를 건 설하기 위한 도구
61	실존주의	하이데거			무(無)~존재의 바탕이자 충만 함			다가올 죽음을 선취 (先取) 함으로써 일 상인이 현존재로 바 뀜
62	논리 실증주의	비트겐슈타인					논리적 원자론, 경험론, 실증론	철학 무용론 ~ 형이 상학 무의미
63		니부어						사회윤리의 도덕성 문제 제기
64	비판이론	호르크하이머						합리주의에 등을 돌 림
65	실존주의 / 유물론	샤르트르	무신(無神)			허무주의	유물론적 시각	사람들의 위선과 존 재의 무의미

	주요 철학 사조	주요 철학자명	주장한 논리 및 법칙	생물 연대(추정)	필자 사유 및 의견(Remarks)
60	실용주의 / 도구주의	듀이	지성이란 '이미 있는 것'과 '필요한 것' 사이의 충돌을 제거하는 도구이며 환경과 조화를 이룰 경우 진리가 됨	1859~1952	진리란 어떤 고정된 절대불변의 것이 아니고 상대적~소피스트의 철학 이후 순환됨
61	실존주의	하이데거	현존재는 자기의지와 무관하게 세상에 존재. 죽음을 애써 외면하는 사람은 비본래적이고 무의미한 세상에 몰두함.	1889~1976	개인(자신)의 존재와 죽음에 대해 사유. 실존주의는 개인을 강조하기 위해 실존, 현존 등의 새로운 언어 도입
62	논리 실증주의	비트겐슈타인	철학을 원자처럼 언어를 쪼개어 명제화시켜 비판	1889~1951	언어로서 형이상학을 참인지 밝힐 수 없음.
63		니부어	도덕적인 사람도 집단의 이익에는 비도덕적으로 변함	1892~1971	개인과 사회의 윤리 사이 괴리에 대해 사유
64	비판이론	호르크하이머	이성은 과학을 발전시켰으나 진정한 자유와 행복 못 전달	1895~1973	또다시 이성과 기존 관념에 대한 비판 제기
65	실존주의 / 유물론	샤르트르	존재는 필연이 아니라 우연으로 본래부터 존재	1905~1980	정반합처럼 다시 순환되는 유물론적 사유

작가의 여행 사진 모음

정진수

부산외국어 대학교 졸업
약 20년 동안 해외영업 진행, 세계 70어 개국 방문 및 여행

순환하는 철학

초판발행	2021년 7월 20일
지은이	정진수
펴낸이	안종만 · 안상준
편 집	전채린
기획/마케팅	정연환
표지디자인	Benstory
제 작	고철민 · 조영환
펴낸곳	(주)**박영사**
	서울특별시 금천구 가산디지털2로 53, 210호(가산동, 한라시그마밸리)
	등록 1959. 3. 11. 제300-1959-1호(倫)
전 화	02)733-6771
f a x	02)736-4818
e-mail	pys@pybook.co.kr
homepage	www.pybook.co.kr
ISBN	979-11-303-1357-3 03100

정 가   15,000원